Kontaktadresse nach EU-Produktsicherheitsverordnung:
produktsicherheit@fischerverlage.de

Zeit ihres Lebens war Rose Ausländer eine unruhig umhergetriebene, schließlich vertriebene und heimatlose Dichterin. In New York, wo sie sieben Jahre nur Englisch geschrieben hatte, fand sie zur deutschen Sprache 1957 zurück. Die Gedichte, die in den folgenden Jahren entstanden, gehören zu ihren schönsten überhaupt. Sie werden in dem vorliegenden Band zum ersten Mal im Taschenbuch publiziert. Rose Ausländer verzichtet von nun an auf Reim und gebundene Form, es gelingt ihr, ihre Erfahrungen aus der Zeit der Gettos, der Verfolgung und der Todesangst in Verse zu formen, die wohl Trauer, aber keine Verzweiflung kennen. Denn sie findet Rettung in der Sprache: »Ich will wohnen/ im Menschenwort.« Der Band enthält ein Nachwort von Paul Konrad Kurz.

Rose Ausländer, geboren am 11. Mai 1901 in Czernowitz/Bukowina, gestorben am 3. Januar 1988 in Düsseldorf. Sie studierte Literaturwissenschaft und Philosophie. Die Jüdin überlebte die Jahre der Verfolgung durch die Nationalsozialisten in Czernowitz. 1946 wanderte sie in die USA aus, kehrte 1964 nach Europa zurück und zog 1965 nach Düsseldorf. Seit 1973 lebte sie dort im Elternhaus der Jüdischen Gemeinde. Sie veröffentlichte mehr als dreißig Gedichtbände und erhielt zahlreiche literarische Auszeichnungen, u. a. 1977 den Andreas-Gryphius-Preis, 1980 die Roswitha-Gedenkmedaille der Stadt Bad Gandersheim und 1984 den Literaturpreis der Bayerischen Akademie der Schönen Künste.

Unsere Adresse im Internet: www.fischerverlage.de

Rose Ausländer
Die Musik ist zerbrochen
Gedichte

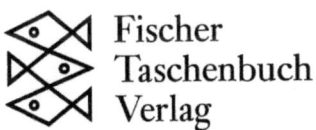
Fischer
Taschenbuch
Verlag

Rose Ausländer - Werke
Herausgegeben von Helmut Braun
Band 4

4. Auflage

© 2022 S. Fischer Verlag GmbH,
Hedderichstr. 114, 60596 Frankfurt am Main
Druck und Bindung: BoD – Books on Demand GmbH,
Norderstedt, Germany
ISBN 978-3-596-11154-1

Bukowina I

Tannenberge. Grüne Geister:
In Dorna-Vatra würzen sie
das Harzblut. Alte Sommermeister
treten an ihre Dynastie

Felder im Norden. Buchenschichten
um Czernowitz. Viel Vogelschaum
um die Verzauberten, die den Gesichten
vertrauen, ihrem Trieb und Traum.

Die Zeit im Januarschnee versunken.
Der Atem raucht. Die Raben krähn.
Aus Pelzen sprühen Augenfunken.
Der Schlitten fliegt ins Sternverwehn.

Der Rosenkranz in Weihrauchwogen
rinnt durch die Finger. Sagentum
und Gläubige. In Synagogen
singen fünftausend Jahre Ruhm.

Rom I

Kostbarkeiten in den Kammern
Särge mit erlesnen Leichen
Und der erzne Glockenhammer
ruft die Armen und die Reichen

Tempelsäulen Marmorstufen
Kunst in Kuppel und Kapelle
Und die lauten Glocken rufen
Beter zu der stillsten Stelle

Hunderte Fontänen schallen
Rom wer kann sich mit dir messen
Und die Glocken laden alle
ein zu Einkehr und Vergessen

Riviera I

Küste Schiffe und Matrosen
Berge locker transparent
Frauen frisch wie Junirosen
Enzianblau das Firmament

In der Goldluft schwebt der Hafen
Stimmen in sich selbst verliebt
werfen ihre bunten Sprachen
in den Wind der weitergibt

Lang und leuchtend wie das Ufer
ist der Tag Hauchwolken wehn
Meer und Möwe spielen Rufer
und du wähnst sie zu verstehn

In memoriam Robert Frost

Poet und Farmer. Mit den Bäumen
verwachsne Verse. Seine Welt:
Neuenglands Scholle, wach in Träumen,
in Traum und Wirklichkeit: das Feld.

Amerika, dein Träumehüter
ist tot! Verwaist ist jeder Wald.
Doch er vermachte deine Güter,
die besten, uns zum Aufenthalt.

Don Quixote I

Ich liebe meinen Ritter der mit Mühlen kämpft
Wenn er erschöpft von seinen Heldentaten
zu mir kommt spielen wir Domino mit Sternen

Ich lasse ihn immer gewinnen immer
So mögen es die Kinder und die Männer
Mein Ehrgeiz ist so klein wie eine Nuß

Ich darf ihm dienen meinem Kämpfer
Oft bin ich eine Mühle und er dringt
mit seinem mondnen Degen auf mich ein

Ich lieb ihn bin seine Dulcinea
Wenn unser Wald von Riesen widerhallt
laß ich den Eimer Milch am Rande stehen

und helfe meinem Helden wo ich kann
Aber der Schlange bin ich nicht gewachsen
und fürchte ihren giftigen Zauberbann

Diese alten Häuser

Diese alten Häuser an der
Peripherie haben noch ihr natürliches
Gesicht ihren eignen Körperruch

Die goldäugige Katze souverän
hat hier ihr Heim auch die
Silbermaus im Keller
in der kompakten Mauer wohnt
die melancholische Silbe der Grille

Blumentöpfe in den Fenstern ihre
Köpfe und Finger ins Licht vertieft
bewahren noch die alte Tradition
Der Ahornbaum im Miniaturgarten malt
chinesische Motive an die Hausfront

Gleichmütig nehmen die
alten Häuser die Ereignisse wahr
Autoparaden weißkonfirmierte Mädchen
Leichenzüge das Wetterpanorama
die Prozession der Sterne und die
mystischen Phasen des Monds

In diesen Häusern wohnt man gern

Die nach Osten träumen

Veilchenadern pochen
April an meinen Hals
Ich träume zurück
Hinter uns das Heer
Moses uns voran
Das rote Meer
spaltet sich und wir gehn
trockenen Fußes durch das Spalier
Nur unser Haar ist behaucht
vom Atem des Wassers

Schneeglocken schallen
goldweiße Schalmeien
Ich träume zurück
Die Kelche füllte er mit Wein
das Osterbrot brach er in zwölf
und feierte das Abendmahl
Dann schluckte er die Marterqual
vergab den Jüngern seinen Tod
schrie dreimal auf und kehrte heim
Aber am dritten Tage war
er wieder jung und wunderbar
und blieb 2000 Jahre jung

Blauglocken schallen
aus den Veilchen
umsäumt von Osterschnee
Sie läuten Schneeschmelzeduft
sie läuten salbendes Öl
sie läuten Hosianna
Die verwundete Erde wird heil
eine Osterau
eine Blumenwiege
Sie wiegt die langgeträumten Wunder
der Osterkinder die nach Osten träumen

Die Musik ist zerbrochen

In kalten Nächten wohnen wir
mit Maulwürfen und Igeln
im Bauch der Erde

In heißen Nächten
graben wir uns tiefer
in den Blutstrom des Wassers

Hier sind wir eingeklemmt zwischen Wurzeln
dort zwischen den Zähnen der Haifische

Im Himmel ist es nicht besser
Unstimmigkeiten verstimmen
die Orgel der Luft
die Musik ist zerbrochen

Die Glocken horchen

Übermütige Leere der planierten Länder –
tonloses Lachen

Ich horche ob die Glocken tönen
ich horche ob der Ton sich klärt
das Land vertont
die Stadt verklärt

Die übermütige Leere der planierten Länder
lacht ihr tonloses Gelächter

Ich hör ein Horchen
die Glocken horchen
ob ihr Ton
der erzene Ton
gelang

Dies ist der Ton zu dem ich mich bekenne

Der sterbende Poet
In memoriam David Goldfeld

Er lag und litt. Ich saß an seinem Sterben und dichtete für ihn die Lüge Leben.

Ich grub mich in seine Qual, tief – tiefer, bis die Quelle sprang. Berge kamen, umringten sein Bett.

Ich beschwor die Rose herauf – das Aroma Leben
beschwor den Apfel
die Rebe – eine Lunge aus Atem und Blut

»Sie sind meine Rettung. Sie lassen IHN nicht herein, nicht wahr?« Nach der Morphiumspritze blühte sein Blick auf, ein glänzendes Vergißmeinnicht. Er machte eine leichte Bewegung mit der Hand und hauchte: »Diese Welle schwemmt weg den Schmerz. Ich lebe.«

Als ich am nächsten Tag sein Zimmer betrat, lag sein Körper unter dem schwarzen Leichentuch.

Heimat I

Dieser herbe Rausch der Fremde
fremder Heimat ohne Ende
hält mich immerfort in Atem

Riesig ist der nachbarliche
Park mit seinen seidnen Rasen
und den adeligen Bäumen

Der immense überschlanke
Hintergrund der Wolkenkratzer
gibt dem Garten sein Gepräge

Übersonntes Entengleiten
auf dem See und seine weiche
Sprache sind Musik im Keime

Lange Autostraßen blenden
zwischen parallelen Flüssen
trinken wir den Rausch der Fremde

Und des Nachts wenn alle schlafen
nehmen wir die gleichen Gaben
von den demokratischen Sternen

Meine Sehnsucht kann nicht schlafen
Träume wachen auf und haben
meiner Mutter ewige Züge
meiner Mutter sanfte Hände
eigne Heimat ohne Ende

New York fasziniert

New York fasziniert
in den frühen Morgenstunden
wenn zwischen Pflaster und Himmelskristall
die eleganten Wolkenkratzer
gemmengleich stehn
auf lachsrotem Grund

Schön ist New York am Morgen
am schönsten Sonntag früh
wenn Sirenen und Räder schlafen
kleine Stimmen von Parkbäumen
kollern der Hudson sich
anpaßt dem Ozean

ein Mensch dir begegnet
und du siehst es ist wirklich ein. MENSCH
und du siehst es ist wirklich NEW YORK
ein Märchen schön ersonnen
subtil und stark

Die acht Millionen schlafenden Sonntagsträumer
haben noch nicht abgeschüttelt den
Alpdruck der Woche
Zu spät suchen sie wenn schon
Schatten die Gassen umarmen
den MENSCHEN suchen
zu spät NEW YORK
das blaugeträumte Märchen New York

Die sieben Tulpen

Sieben Tulpen öffneten den Sommer
Es geschah im siebenfarbigen Licht
Sein Tor war verriegelt vom Regen verrostet
sieben Schwalben
ja, sieben – nicht eine!
hatten sich vergeblich gemüht

Sieben Frauen saßen am Rasen im Park
nun da der Sommer offen war
warm und grün und siebentulpend war –
aber wo sind die sieben Tulpen geblieben
fragten die sieben
die sieben Frauen im Park

Die sieben Tulpen waren gepflückt
Als die sieben Schwalben versagten
und die sieben Gewissen sie plagten
waren die sieben Tulpen erschienen
reisende Feen incognito
Am siebten Tage war es geglückt
der Sommer war offen die Menschen kamen
und schon nach sieben Stunden waren
die sieben Tulpen gepflückt

Wir spielen Ostern

Wir spielen Ostern mit den Kindgewordnen
Wir spielen Winterende Lenzbeginn
Osterduft und Goldblauglanz
bis sich das Schneeland auflöst und verwandelt
Schneeglocken auferstehn weiß duften
Glocken läuten und alles mitspielt

Wir Osterspieler mit erblühten Lauten
Veilchenflöten Sonnenorgeln
Wir österlich Vertrauten

Spielen Thoratanz und Offenbarung
mit Hyazinthen und erweckten Blättern
spielen Osterduft und Wiederfreude
Wiederfinden alles Auferstandnen
Wiederwissen daß wir Kinder sind

Manchmal erwachst du

Manchmal erwachst du als Gasse
Häuser verwurzelt in deinem Fleisch
Pflaster dein Kleid

Kinder kommen in dir zur Welt
wachsen und welken
Menschen gehn über dich hinweg
Wagen rollen über deine Wangen
Du lernst Schritte sprechen
Augen auffangen auf einem Strahl
lernst den verkörperten Gang der Gedanken

Trägst Bäume
Im April wächst das Wunder in deinen
Venen glattgliedrig blattsanft
Die mächtige Zauberin Sonne
verwandelt dich in eine
goldne Gasse voll schlanker Schatten
rechts und links
goldne Gassen voll schlanker Schatten

Die Luft ist elastisch
schwingt sich hinüber
in Fliedergärten leuchten
die rosa Kastanienkerzen
Von Goldbächen durchrieselt grünt
dein maierwachtes Gedächtnis

Zwischenwelt

Zwischen Schneeglocken
und Schneeschmelze
blinkt eine Sphäre
unerschaffener Worte
hängen Schnüre
aus Sternlippen Geist und Musik
die noch kein Ohr vernommen
kein Auge erblickt

Zwischen den Zeilen
die Schnee und Maiglöckchen schreiben
liegt das erlesene Land
Heimat alles Niegekannten
wo Wiesen grünen
und Zeit Alterslosigkeit erreicht

Zwischen nichthier und nichtdort
ruht das ungenannte vorgekannte Land
es hat einen Strand
aus Mutterduft
Mondmuscheln und Musiksand
sein Meer ist nicht Wasser
sondern Sterne und
namenslose Wolken
aus Dunkel Zwischenlicht und
unverjährtem Glanz

Wo liegt das Land

In den Vergißmeinnichttagen
ging eine Stimme
von Zunge zu Zunge
Die Kinder hielten
das Echo in der Hand

Bruderländer
voll goldner Kürbisse
und geschliffenem Schnee
lagen sich in den Armen
tranken Tee oder Kaffee
Whisky Champagner oder Bier
aus geschnitzten Kannen und Pokalen
je nach dem Zeremoniell

Aber du
düsterer Politiker im Frack
stieß nicht dein Zylinder
an ein Vergißmeinnichtblatt
Wo warst du in den Tagen des Staunens
als die Fische ihre Kiemen weiteten
um ihre Sprache sichtbar zu machen

Wo liegt das Land deiner Verheißung
Die Grenzen grinsen einander an
Unter gehässigen Brauen
schauen ängstliche Augen
ins blinde Atomherz

Das Echo ist schlafen gegangen

Liebespaar im New York Central Park

Jeden Nachmittag
auf derselben Bank in derselben Allee
sieht man das alte Liebespaar

Sie reden nicht viel sie lauschen und schaukeln
in der Barke der Bank durch den Strom der Verjüngung

Mit zahllosen Lippen erzählt der Park
seine Geheimnisse am leisesten das Geflüster der Halme
Zwei uralte Ahornbäume haben tiefere Töne
»Wann war es als wir das erste Mal unsre
Blattaugen öffneten? Weißt du noch? Wald unsre Welt
Wald unser Land dann kamen sie mit Riesenscheren
und schnitten den Weg kahl, diese Allee. Viele Brüder
sind damals gefallen. Sie pflanzten Bänke statt Bäume,
die komischen Menschen. Und dort, am Horizont,
weißt du noch? – mit baumhohen Zangen hoben sie
Stangen und Steine und pflanzten sie in die Luft,
aneinander gekettet. Angewurzelt stehn sie seither
und wachsen nicht, die komischen Bäume.«

Das ergraute Liebespaar lauscht
Zwei Menschen im zeitlosen Strom
Sie lieben das junge Gras die bejahrten Bäume
Bank Allee Lichtung und Wolkenkratzer
im Nachmittagslicht
Sie zählen nicht ihre Jahrzehnte
In der Arche geborgen schaukeln sie
durch die grüne unsündige Flut

Leidenschaft

Vernunftswidrig ohne Gefühl für
Maß Scham und Ordnung
unbesonnen ohne ernsten Anlaß verzweifelt
mit verbissenem Irrsinn die Skala der Süchte
durchrasend schlaflos
sich abhärmend voller Gewissensbisse und Anklagen

reich an Dschungelmysterien und fischbefiederten Ozeanen
dennoch gänzlich verarmt verkommen minderwertig wertlos
ein verrosteter Pfennig
mit Sternfedern geschmückt von heißen Blitzen durchzuckt

ausgemergelt abstrakt wie ein Skelett
das Fleisch der Idee einer Idee von den Knochen gekratzt
mit dem Messer des Verzichts
selbstverloren ein treibendes Ruder ohne Boot
das Holz geschwollen

und der Riese ein glühender Ofen
lacht sich in die Faust aus Feuer
wirft das Ruder in die Lohe
lacht die Luft rot

Tagein tagaus wiederholt sich das Drama
in der Mitte ohne Ende ohne Anfang ohne Logik
ohne Atempause treibt jeder Tag diesem Spuk einen Speer
ins amoklaufende Herz

Keinezeit I

Keinezeit keinezeit keinezeit
singen Räder
singen Chromvögel
alle dienen ihnen singen
keinezeit keinezeit keinezeit

Hallo sag ich in der Stadt
hallo sag ich den Rädern
hallo sag ich den Chromvögeln
Antwortet mir die Stadt
antworten mir die Räder
antworten mir Chromschnäbel
keinezeit keinezeit keinezeit

Winterverse

Eisgeträumte Harmonie vor einem Augenblick
erfunden schon singt der Vogel Lore
Lorelei sie sieht im Spiegel den erfrorenen Kahn
kämmt Totenklage auf die Fischerseele

verzeih ihr Meister Heine

Holz hat noch die alte Kraft
in Colorado aufrecht hält der Totem das Tabu
du sollst nicht sollst nicht

sollst nicht verwehn im Schnee Wolfsfährte
nach Sibirien Lawinensturz die Jungfrau
trägt ihr Joch aus Eis

Bald wird es schnein
schon nähen Nadeln ein das Haus
hat keine Tür das Haus aus Schnee
Weh dem der keine Heimat hat

der Wintermärchen Weiß
Theaterkarten Flocken weißverschwistert
O Shakespeareschnee ein Märchen Wahrheit
Wohl dem . . .

In alle innersten Reiche

Die Wurzeln bohren
den Wald aus der Scholle

Die Bäume strahlen
Hinter den Bäumen
gehen die Berge auf
und über den Bergen
hauchen die Sterne den Glanz hin
Darüber klaffen die Schluchten der Höhe

Darunter rollen die Quellen
und wollen EMPOR EMPOR
Die Pfade wollen HINAUS HINAUS
Der Blitz will HINEIN HINEIN
in das Holzfleisch der Erde

Aber der Geist will
hinauf und hinunter
hinaus und hinein
in alle innersten Reiche

Windbelaubte Welten

Wir rufen die Heiligen an
weil wir allein sind
der Vater fruchtlos war
die Jahre Schein sind
die Mutter im Grab ist
und nicht mehr singt

Wir trinken verbotene Lieder
spielen mit Freunden Versteck
und laufen windbelaubte Welten entlang

Wir erfahren
in endlosen Metamorphosen
unsere Urväter und Urmütter
Luft Fische Pflanzen
und daß unsre Brüder und Schwestern
stille Tiere sind
giftige Kreaturen
feuerspeiende Krater
träumende Steine

Wir pilgern zum Orakel
aus dessen Mund die Sterne sprießen
und fragen nach unserm Namen

Wieviele Feuer

Käfer im Bernstein verewigt
Du drehst den Ring
und stehst vor den Pyramiden
daneben die Sphinx
geschmückt mit Rätsel und Raum
Du schüttelst die Zeit von der Schulter
und fragst
wer pflanzte das Korn der Lockung
in mein Fleisch
Sie lächelt ins Leere
Die Saat geht auf
der südliche Papst
spricht deinen Samen heilig

Dreifach in Spiegeln geträumt
wie die Flöte des Rohrs
sich äußert im Wind
die Schwanensilbe im Wasser
der Vogelruf erlöst in der Luft

Sanskrit
Der Bienenschwarm deiner Muttersprachen
Wieviele Stacheln erträgt eine Haut
Wieviel Fieber dein Puls

Die braunen Brüder am Äquator
hadern mit dir
der Tod baut den dunklen Dom
wo ein Gipfel glänzte
bis dir der Eintritt gewährt ist
das Gestade versandet
wieviele Feuer fängst du
ins blutgeschmiedete Netz

Wen schweigst du

Warum schweigst du
prophetischer Pendel den ich
in Bewegung setzte vor meinem Alptraum
Hobst du nicht das Her meines Entzückens
und das Hin meines Abschieds
in den entfernten Ort der nächtlichen Wolke
Sie schalt mich weil ich sie träumte ohne Befugnis
Da lief ich tiefer in die Spannung der Sterne
und spürte die harte Liebkosung auf meiner Schläfe
Dolche und Sterne nicht von einander zu scheiden

Nun bin ich zurück und du schweigst
mit schwarzen müßigen Lippen
Füllt ich nicht deinen Mund mit dem Wort der Bewegung
Tanztest du nicht meinen Odem von Hergang zu Hingang
Auf und nieder
wie die Wiege des Himmels
wie mein Traum von den flötenden Engeln
ging das Wort deines Atems
zur Musik meiner Adern
bis mich der Eistraum berührte

Nun bin ich zurück und du schweigst
Wen schweigst du
dich oder mich

Im Erdohr der Angst

Glasklare Tage

Die Astern halten das Haupt hoch
und färben die vorletzte Stunde
Eindringlich reden
die entblätterten Bäume
über den Übergang
von Zustand zu Zustand
Sie tragen den Glanz der Tage in ihrem Geweih
Er weht wie ein Banner

Ich frage und frage

Die Stimmen Verblichener
flattern wie Falter aus Nylon
von Farbe zu Farbe
und lispeln blindes Erblassen

Ich höre den Seufzer
gesammelt im glasklaren Wind –
die Antwort der fröstelnden Halme
der amethystenen Astern
und der anderen duldenden Dinge
im Erdohr der Angst

Hoffnung I

Wir jagen den Hirsch
von hetzenden Hunden begleitet
Die Birke fliegt uns voran

Wir holen ihn ein
hinter Schornsteinen
wo sie den Rauch begraben
hinter Hügeln aus Säure und Chrom
hinter dem luftleeren Himmel
der die Schatten der Engel beherbergt

Wir holen ihn ein
jenseits der Jahre
dort ging unser Traumsohn verloren
und kehrte nicht heim
hinter der Kaktusgrenze
wo Salomos Hohelied hängt

Herrlicher Hirsch
Lichtlaub im Geweih
er liegt schon
ein Zahmtier
vor unserm Lockruf

Wir bauen ihm eine Hütte
aus Waldduft und Wind
Wir ziehen den roten Fingerhut an
nähen Primeln und Psalme
in sein Lagerlaub

Wehmut und Wende

Bin ich im Land der Verwurzelungen
Zu den Füßen deiner Wurzeln kam ich
von ungefähr
Deine Zehen raunen mir
die Sagen deines Geschlechts zu

Wir trinken die Milch der Quelle
und werden trunken
Wir essen das Dunkel und seinen feuchten Duft
Das Fleisch der Scholle ist unsere Wolle
Über uns üben die akrobatischen Sterne
ihre präzisen Bogen
Wir staunen und halten uns an

Wir spüren es beide
Es ist kein Abschied
nur ein Sichauseinanderbiegen
Sichweitertasten, Andaserdherzschmiegen
ein zögerndes Vorgreifen
in eine neue Wurzelfigur

Unten und oben ist alles verflochten
Wir sind in der Hitze
Unserer Antennen und
Wurzelfäden
raunen und reden
Die Sagen des Wurzelgeschlechts
Wir fühlen es beide
Es ist kein Abschied kein Ende
nur Wehmut und Wende

Herr und Heimat

Herr und Heimat
der Hormone des Herzens –
hier ist der Hort

Der Wald
der grüne Aufstieg aus dem Meer
hält den Gesang noch wach
an seinen Blätterwellen
Gebändigt liegen die Wilden
mit Augen aus Feuer
den Bauch voll glitzernder Eidechsen
ihm zu Füßen

Grüne Beruhigung
der Wasser und Eise
des allnächtlichen Feuers
der Schlacken gestorbener Sterne
und abgestandener Städte

Hier ist der Hort
Herr und Heimat der
Hormone des Herzens

Wehmut und weites Vergessen

NACHT
Wehmut und weites Vergessen

Berückender Freund im schwarzen Mantel aus Atlas
auch dein Schluchzen ist schwarz
wie dein Murmeln verhärmter Gebete
Die Heimlichkeit deines Blutes schläft
im feinen Geäder der Tiere
im Wesen und Willen des Fleisches

Aber der kühle Geruch
der MONDIN
deiner silbernen Tochter
mildert den Schmerz
verklärt ihn
und macht ihn verstummen

Was dem Berg gehört

Was ist der Berg
ein Königreich oder ein Gipfelgedanke
Die Fahne meiner Frage weht
auf seiner Stirn

Ich liebe
die Schellen der gelockten Bächlein um seine Waden
sein Laubkleid und den Kieferngürtel
die braungeschnitzten Schatten
die Spiralen seiner Bewegung

Die verstrickten Stimmen seiner Bäume
hab ich lieb
das Geraun der Sträucher
die Wiederholung im Echo
das Glockenspiel des Lichts auf dem Moosfleisch
und das Nadelflitzen der Libellen bei
seinen Quellen
die Quellen die seine Seele sagen
wie lieb ich sie

Und alles was zum Berg gehört
wie soll ich sagen wie ich alles liebe

Vorostern

Noch trägt die Stadt den
wolkigen Wollmantel
dein Atem ist eine
trübe Dampffahne
die Katzen liegen im
Kellergeschoß ohne Liebe

Der kühle Mond kümmert sich nicht
um Gefühle
Zugeknöpft sind die
Taschen der tüchtigen Männer
Nur der Wind ist großzügig mit
schmutzigen Wirbeln

Alles ist Übergang
Wir bereiten uns vor
auf den Auszug aus dem Schneereich
auf die Metamorphose der Raupen
auf das Einhorn im Wald unsres Bluts

Stille der Nacht I

Stille der Nacht
Kinder lächeln im Schlaf
wenn Feen sie besuchen
Auch Greise versuchen
zu lächeln wie Kinder
Es glückt ihnen nicht immer –
sie sehn nicht den Schimmer
auf den Flügeln der Feen
nach denen sie greifen
mit wackligen Gesten
Die Kinder treffen's am besten

Stille der Nacht
Wer jetzt noch wacht
hört das Herz der Stille
im eignen Herzen ticken
Die Greise nicken
Die Kinder erblicken
die Stille der Nacht
im Antlitz der Mutter
zwischen Sternen und Mond
wo der liebe Gott wohnt

Stille der Nacht II

Stille der Nacht
wacht wie die Mutter
Aber die Liebenden hören sie nicht
sehn nicht ihr verhülltes Gesicht
Ihr Stern dröhnt lauter
ihnen vertrauter
stärker als Stille
stärker als Erde
die um die Sonne kreist –
stark wie der Geist
stark wie der Wille
der Wunder tut
hier absolut

Vor dem Alpdruck

Die noch nicht gestorbene Zeit
oder war es die Nachtigall
im Juli
ein Rechteck Grün
wir schliefen
eh unsre Zeit erwachte

Fünf Uhr früh
ans Fenster klopfte die Nachbarin
um Himmels willen
eine Nachtigall
hören sie doch
das Glück
im Quittenbaum
in unserem Garten
die Nachtigall
das süße Lied
das Glück

Drei Triller
geblasen
in den noch nicht erwachten Tag
an den Glanz der noch schlief im Fenster
an unser noch zeitloses Entzücken

Wieder und wieder
dreimal
gestrahlt
das Nachtigallied
vor der Geburt unsrer Zeit
vor dem Alptraum
dem der Baum
der Garten
die Nachbarin
das Haus
die Stadt
das Land
und der ertaubte Erdteil
zum Opfer fielen

Grün I

Wie ein Wild verfolgte ich das Grün
Immer lief es mir voran
ließ sich nicht fangen
Da mußte ich's mit grünen Lauten locken
da mußte ich die grüne Sprache lernen

Ich übte den kleinen herzgeformten Kleelaut
das krause Flüstern der betauten Minze
Die Orgelklänge des Laubs
die immergrünen Tannentöne

Ich lernte mit der hellen Geduld der Liebe
die Vokale von den pangrünen Wäldern
Die Konsonanten traten hervor
aus dem eigenen Urwald
dem uralten Rauschen grüner Erinnerung

Nun ist es zahm das Grün
in Wald und Wiese
erzählt mir seine Schatten und
seine verzweigten Schattierungen
denn ich verstehe seine Muttersprache

Der Ur-Baum
Für Marianne Moore

Licht strahlentsandt
Bäume preisen
Birnen Pflaumen Trauben preisen

Schnee des Mittags
Sonnenschein
Monde im
gesponnenen Raum
Klargesicht
aus Licht

Kern der Qual
schattenwund
Licht des Meeres
komm her
in die Stadt
näher verwundeten Wänden
komm nur

Feuerweiß du
der Ur-
Baum in mir
in jeder Kreatur

Weiß
Immun gegen Farbe und Preis
Gnadenreis
in mir in dir
überwachse das Tal der Schatten
leuchte der Qual
mehre sie Licht

Rauscht Manhattan

Rauschen Libertywellen
rauschen Sirenenmöwen
rauschen Buntwimpel auf Masten der Ausflugschiffe
rauschen Mädchenröcke am Boardwalk meerblau und
      mohnrot
rauschen Bilderzeitungen
rauschen Eilschritte der Messengers
rauschen Bürsten schuhputzender Negerknaben
rauscht das Südende Manhattans
der Julirausch
dir im Blut?

Erkranktes Feuer

Gelb und kleinverstreut
als wären wir Küstensand
linke Kinder erhabener Eltern
die heute schon Engel sind
oder von höherem Rang

Der Irrsinn dieser Zeit
ein Riß im Nabelkreis der Schöpfung
Vielleicht ist es ein Baum
ein toller Kirschenbaum vielleicht
mit Ästen aus wogenden Schlangen

Ich kenne nur das tote Laub
du kennst es auch
Es raschelt gelb und rostverschrumpft
an unser Gelb- und Kleinverstreutsein

Wir haben keinen Zutritt zu den Wurzeln
Vom Wasser hörten wir daß sie
aus ungezählten Attributen
wie Mosaik zusammengefügt sind
aus Stern und Strenge Liebe und Gefahr
aus rotblaugrünem Leben
und gelbgrauschwarzem Tod
und vielen andern Dingen deren Namen
uns unbekannt sind

Das rostige Laub schneit auf und nieder
Seine gelben Funken
züngeln mit unserem Rost zusammen
wie ein erkranktes Feuer
aus grauvergilbten Flammen

Sabbath I

Gras und Sonnenlaub
das goldgekämmte Parkhaar der Stadt
schimmern den Tag der Ruhe
Die Häuser halten den Atem an

Ich bin eine Zelle der Metropole
Meine wichtigen Verwandten
die Straßenadern
leuchten im Leib meiner Stadt
Ich bin ein belichteter Punkt
im Kosmos der Sabbathruhe

Nicht daß ich die Hast
der hundert Stunden
die schwielige Woche vergaß
Der Alpdruck des Alltags
hält meine Zelle verschlossen
Aber der Sabbath öffnet sie
um sein Licht unterzubringen
Auch tönt er
Er braucht alle Zellengefäße
um sie mit Tönen zu füllen
wie Schläuche mit Wein
Der Klang schmeckt wie Burgunder

Ich trinke
den Rausch der Ruhe
aus dem Geäder der Stadt
die eine Zelle ist
im Körper der Erde
die eine Zelle ist
im Leib des rauschenden Raumes
Ich atme den Ruch und die Ruh
des Sabbath
ein in den urrunden Raum
meiner eigenen Zelle

Die vorletzte Andacht

Im goldgeweinten Nachmittag
versammeln sich die Eintagskäfer
die Luft zu segnen

Den vorletzten Duft
heben sie aus den Tiefen der Täler
die vorletzte Andacht tanzen sie
vor der letzten der Nacht

Das Gebet geht
in summenden Kreisen
von Käfer zu Käfer
von Duft zu Duft
Ihr Flügelnetz hängt über Häuptern
die noch schimmern
vom gestrigen Käfergesumm
die noch wissen
um den morgigen Eintagstanz
und den übermorgigen

Die Eintagskäfer wissen es nicht
Im goldgeweinten Nachmittag
flattern sie ihr Flügelgebet an die Luft
den Gott ihrer Welt
Hingerissen tanzen sie ihre letzte Lust
nach dem Takt der sinkenden Sonne

Ein Grünmitdirsein

Der Bergrücken trägt
einen Rock aus Gold
über der Weste des Waldes
Das Hemd seiner Halde hält
den offenen Glanz
dem Pfad entgegen

Die Gäste begrüßte er der Berg
mit großer unpersönlicher Grazie
und ferner Wärme
Er zählt nicht die Schritte vor dir nach dir
nicht deine Schritte
Er ist dein geborener Wirt
Du bist sein unausgesprochener Gast
dem Käfer dem Adler ebenbürtig

Die Alpenrose das Moos
und Silberdisteln so groß
wie Sonnenblumen
grüßen dich
mit halber Freude und halber Furcht
Du bringst ihnen Gruß oder Tod
und weißt es nicht
Sie zählen nicht deine Schritte
Nicht die Schritte vor dir nach dir
Sie nehmen dich auf
mit der blinden Bereitschaft der Pflanzen
Sie sind mit den Fäden der Luft dir verbunden
ein Rotsilbersein
ein Grünmitdirsein
Heimat der Höhe

Die novembernen Menschen

Die novembernen Menschen hasten
mit dürrem Blick
am Glanz vorbei
in ihr Trauergrau
Sie leben in kühler Eile

Jahreszeiten Landschaften Menschen
sind brauchbar wie Brot und Geschäft
Sie reden um zu verdienen
nicht um zu dienen und rühmen

Auch die Dichter unter ihnen

Quecksilber

Die Tage
stürzen vom Kalender
Sie sind aus Quecksilber
rollen wortab
ins Grab
aus Vergißmeinheut

Ich bin ein Nest voller Fragen
Wespennest
Woher-und-Wohin-Tage
Warum-und-Wozu-Tage
Aus welchem Material seid ihr
wie lang breit und stark

Manchmal gelingt mir's
sie zu fassen
Ich werfe sie in die Waage
meiner Woherundwohinfrage
Bald steigt die eine
bald die andere Schale
Aber kein Gewicht
hat Antwort
nur das Mehr oder Minder
Jeder Tag ist
halbblinder Ahaswer
ein Wanderer von nirgendwoher
zu nirgendwohin

Quecksilber
Der allerkleinste Teil
vollkommen Kugel
schön und giftig wie die Zeit
die kein Quentchen Licht
ohne Schatten schenkt

Tropfen
Tag um Tag
ins ewige Nichtwozu
Alle Tropfen mengen sich
Tag und Blut quecksilberlich

In die Hin- und Her-Waage
werf ich leichte und schwere Tage
Meine legitimen Kinder
sind Fragen

Aber die Waage
weiß keinen Warumbescheid
Woherundwohinbescheid
Wozubescheid
nur das Mehrodermindergewicht
der schweren Schatten
und des leichten Lichtes

Verwaiste Herzen

Verwaiste Herzen
im Schrank der Jahre

Ihre Nachbarn:
Lavendelduft und
verblichene Fotos

Die Wetter draußen
spielen das Leben:
Verklärung der Eltern
ersehnte Söhne und Töchter
Jubel und Angstlosigkeit

Manchmal lehnt ein
verirrtes Rot an
die morsche Tür
aber es flüchtet zurück in die
vielarmige Spiegelwelt aus
Blau Grün und Gelb

Die Kamee

Delikates Profil
auf lachsfarbnem Grund
Getürmte Frisur
Gefrorenes Lächeln

Dennoch die Frau
hat Anmut
Sie beschwört die
Gegenkamee herauf
den Bewerber
mit hoher Stirn
länglicher Nase
dünnen Lippen
die Halskrause ziseliert

Sie sehen sich
ernst in die Edelsteinaugen
verneigen sich vor einander
und huschen zurück
in den Rahmen
ihres geschnittnen Geschicks

Verbundenheit I

Zwischen mir
und diesem Zigarettenstummel
und dieser gesprungenen Teetasse
und diesem Safranblick
der mir alles Safranhafte
verständlich macht
herrscht eine Verbundenheit
wie nenn ich sie

Lieber nicht
Jede Bezeichnung wäre irreführend
würde nicht alle Elemente enthalten
nicht die Beziehungen aller Elemente
zu einander und zu mir
würde nicht alle Moleküle ins Spiel bringen
die mitspielen

Ich will nichts vermissen
an dieser Verbindung und Bindung
auch der Zigarettenstummel
darf nicht fehlen
er hat seine bestimmte Rolle
und bei der geringsten Verschiebung
bricht alles zusammen

Die Hoch-Zeit

Gekommen die Zeit
ihrer Hochzeit

Die Braut duftend
weiße Knospe

Der Bräutigam
Mitte der Mannheit

Die Tafel schillert
Weingold in Flaschen
Suppe aus Gold
goldne Hühner duften
in Silberschüsseln
Äpfel glühn
auf weißem Damast

Die Braut öffnet ihr Licht
Der Glanz fällt
auf den Bräutigam
der Abglanz auf alle Gäste

Braut und Bräutigam tanzen
im Lüsterlicht
Reis und Konfetti umsprühen sie
Papierschlangen kreisen sie ein
Sie merken es nicht
Sie tanzen
jenseits des Saals
jenseits der Gäste
jubelauf
Zenith ihrer Zeit
ihrer Hoch-Zeit

Die Himmelsdinge lieben

Die Regensterne sind noch nicht erloschen
Ich bade in dem zarten Tau

Draußen bin ich zu Hause
deute die Wolken und
trage den pochenden Regenbogen
im Haar

Im erhabenen Licht
lieben die Himmelsdinge meine Erde

Unter den Steinen

Liegen wir nicht
begraben unter den Steinen
der Großstadt ihr graues Licht
bricht schräg
in unsre
Herzen die träg
schlagen unter den Steinen

Wir wagen nicht zu weinen
unser Raum ist zu eng
zwischen den Steinen
und der Nachbar ist streng
sein nüchternes Lachen
würde unser Weinen zunichte machen
also schweigen wir unter den Steinen

Allein die Quellen blieben die gleichen
unter uns und den Steinen
sie dürfen weinen
die Tränen versagen
sich ihnen nicht – auch nicht in unsern Tagen
Nachbarlüfte und Schollengold
sind ihnen hold
unter den Steinen

Ihnen gestehen wir manchmal unser Weh
unter den Steinen
und sie erzählen uns vom schönen Tod der See
wo sie sich vereinen
Wir sind Freunde uns verbindet jener Hang
der aus Träumen und Tiefe einen Klang
erschaffen hat unter den Steinen

Unbeheizte Wohnung

Die Stube
am Nordpol gelegen
stemmt ihre Fensterfäuste
gegen den Sturm
der sie umwirbt und an sich preßt
Lawinen springen vom Dach
reiben die Scheiben und
stürzen ins lodernde Weiß
Die Uhr schlägt Schnee
aus dem Eisweiß der Stunden

Über den Eisspiegel
des Thermometers
fliegen Schlitten mit Eskimos
Sie stopfen Wolken in ihre Schaumpfeifen
und blasen weiße Rauchsäulen
an den Spiegel
Sie rauchen und fahren
die Schlittenbahn auf und ab
in der Zimmersteppe
bis in die Nacht
bis in den Morgen

In der sibirischen Küche
kräht der Wasserhahn
eindringlich eisig
seine Warnung
vor dem Einbruch des Tags
dem Erfrieren der Zeit

Die gelbe Maske

Zum Fluß ging ich
die gelbe Maske der Sonne
auf meinem Gesicht
auf seinem Gesicht
Wir erkannten uns nicht
im Glanz

Meine toten Eltern
wollt ich besuchen
meine verbannten Freunde
wollt ich besuchen
meinen gefangenen Bruder im Schlangenland
wo die Fahne ein Gefängnis
wollt ich besuchen
im Geflüster des Flusses

Unberührte Schatten

Das Wasser geht
über sie hinweg
belanglos und schön
in der gelben Maske
und diese Stunde ist
schon verschollen
im flüsternden Fluß
unter dem bleiblauen Himmel

Tag

Aus dem Schlaf erstanden
und schon fliegt der Tag
ein transparenter Vogel
ins Zimmer

Wandweite Schwingen
Feder um Feder
fällt vom Gefieder
Flaum eines Schwans
in den See
Tiberias

Da wiegen sich goldne Fische
im Teppich
flimmert ein Funkennetz
in der Luft
Berge Stühle und Tisch
noch beschattet
ohne Echo

Kommt der Karmel gesegelt
ein hohes Schiff
mit Ladung aus Licht
antiker Landschaft und
jungen Gedanken
Kommt das kleine Ländchen
psalmenbefrachtet
ins unermeßliche Zimmer

Vor dem Fenster
die Zeder
aus der Antenne gewachsen
zeigt wo der Tag entspringt

Die Fliege

Gedämpfter Regenbogen flimmert
auf den Flügeln der Fliege
Unermüdlich ihre Sucht
nach Flug und Flucht
in der Stube
Unersättlich ihre Liebe zum
Geruch deiner Haut

Aber die Haut haßt
die Berührung der Fliege
haßt die feinen Fäden ihrer Beine
haßt sie

Aber sieh
der Hauch von Opal auf den Flügeln
die Musik ihres Schwirrens
ihr vertrautes Geflimmer im Zimmer
ihr zärtliches Kreisen um deinen Atem
ihre unermüdliche Sucht
nach Flug und Flucht
Wiederkehr und Verweilen
ihre Liebe zur Wiese deiner Haut –
        rührt es dich nicht

Der unheimliche Fremde

Ich lasse mich tragen
von den Tagen
deren Augen mir zublicken
wir wollen dir dienen
wenn du uns dienst

Ich lasse mich tragen
vom Fluß wehrloser Farben
die man mißbraucht
um Gefühle zu malen
die man nicht hat

Ich lasse mich tragen
von den Stimmungen der Leute
die heute mich adeln
morgen mich tadeln
mir schmeicheln wenn sie mich brauchen
mich meiden wenn ich
nicht helfen kann
Eine Weile laß ich mich tragen

Oder ist's der unheimliche Fremde in mir
der unbeteiligte Zuschauer
der sie sieht
mit ihren kleinlichen Launen
großzügigen Worten und Gesten
und unablässigen Lügen
Der sie nicht haßt nicht liebt
nicht meidet und nicht beneidet
Bis ich ihn erblicke und verbanne
eine Weile verbanne den Fremden

Tänzerin

Sie ist die Dreizeit in Bewegung
Lichtjahre kommen und gehen
Die Erde ist noch nicht da

Ihr Schritt verwandelt die Welt
in eine andre Strahlung
Die Erde ist noch nicht

Die Sternfiguren bestehen
auf ihre Konstellation
in wirbelnder Wiederholung

Die Sonne hat zu viel Feuer –
sie explodiert im Tanz
jetzt ist die Erde da

Ihr Schritt verwandelt die Welt
in Blume Panther Erlöser
Sie ist da – die Erde ist da

Spiegelungen

Der Himmel leugnet nicht seine Sterne
Die Sterne leugnen nicht den Glanz
Der Duft ist in der Blume wahr

Wer es vergißt weiß nicht daß er verrät
oder er weiß es und vergißt
daß was er sieht nicht seine Augen sind
nur Spiegelungen

Spiegelungen einer Sphäre
aus der die Form hervorgeht –
Stern und Land
Ding Duft und Auge

Sonntagstille

Ruhestunden umspülen
die Steininsel Manhattan

Unantastbar das
Häusergebirge
in Sonntagstille genäht
niemand schneidet die Naht auf

In den Kirchen
die gesungnen Engel üben
tröstende Flüge von
Gram zu Glaube

Wir suchen eine bleibende Fabel im Hudson
wir suchen die Gesetzestafel im Steinreich
wir suchen die Sonntagseele im Mond
der ein Hauch ist
ein Wolkenflaum
eine Monatlegende

Der sie von innen her kennt

Firnen und Föhren
in Sonne vertieft
Grün Weiß
brausendes Blau

Ihre Schatten belauscht
der sie von innen her kennt
Von den Grotten kommt er
über Schluchten und Hänge
Nicht als Herrscher
als Lauscher des Herbstes
als Sucher der Vermessenheit
kommt er

Schlucht um Schlucht
schluckt sein Schritt
Dunkel um Dunkel
immer ist ein Licht
und eine Fahne weht
aus Schnee und Azur

An den Hütten geht er vorüber
an Mädchen mit bergblauen Augen
an Kindern mit Stimmen aus Tau
Aus der feuchten Wohnung des Abends
kommt er
zur Quelle des Glanzes
im vermeßnen Herzen der Höhe
Er bringt seine einzige Habe
seinen Atem als Gabe

Der Schatten

In der Nacht trat ein Schatten an mein Bett. Ich sah, daß es der Freund war, dessen Tod ich ihm nie geglaubt habe.

Wir gingen durch Äcker aus Schnee, die schön reiften. Im Westen erkannte ich das Matterhorn, obwohl der Berg im Profil stand. Seine Schneesträhnen flatterten, eine Lawine löste sich los, rollte herunter und fiel auf den Freund. Sein Schatten zerbrach, die Splitter verwundeten mich. Auch der Schnee war scharf, Feuernadeln flogen in die Poren.

Der Weg war verweht. Ich wußte nicht, wo das Daheim lag – in Amerika, in der Schneeschweiz, am Romhügel oder im Pruthtal. Der Schatten war in alle Richtungen zersplittert, der Schnee fiel in alle Richtungen, die Nacht wucherte nach allen Richtungen und ich wußte nicht.

Wegweiser aus Glas. Als ich ihn erreichte, war er ein undurchdringlicher Spiegel. Hieroglyphen schneiten vorüber, der Wind deutete sich nicht. Ich war wandermüd, wollte nach Hause, aber ich wußte nicht. Ich atmete die Narkose der Nacht ein, meine Füße wurden schläfrig, der Schnee wuchs zusammen zum Bett, die Splitter vereinigten sich. Der Freund, ein lückenloser Schatten, trat ans Bett und rief mich.

Schwarz unterstrichen

Dieses Restchen Weltende
wir verschmerzen es
wir Pünktchen
am Erdpünktchen
am Sonnensystempünktchen
am punktierten Körper des Kosmos

Dieses Quentchen Zeit
eh wir lichterloh steigen
in den Himmel verkohlter Geigen
dieses Momentchen Jahre
so grau gestrichen
so schwarz unterstrichen
wir verschmerzen es

Nicht verschmerzen wir
daß so gut gedeiht
das augenlose ohrlose lippenlose Gespenst
das dieses Restchen Weltende
dieses Quentchen Zeit
so grau streicht
so schwarz unterstreicht

Die ersten Takte

Prinzessin aus Stahl und Stein und Glas im Neontalar und Straßdiamant in ihrem Reich wachsen die Stockwerke wie Pilze Rassen verstricken sich in Canyons auf der Wasserfront strömen Hilfrufe über Spirituals und Gloria

In den Büros fiebern Maschinen den Mythos von Geld und Geschäft bis die Aktien erkranken und die Börse kracht tagelang wird nicht mulitpliziert nicht addiert nur subtrahiert

Eines Tages erwacht die Prinzessin als Rieseninsekt (wie bei Kafka) plump hilflos und häßlich von allen verachtet von niemand geliebt sie beobachtet ihre eigne Verwandlung (wie bei Kafka) kriecht von Zeitung zu Zeitung nistet sich ein ins Radio und TV sieht und hört sich millionenfach vervielfältigt als abscheulich verwandeltes Insekt die Fahnen hängen halbmast

Ihr Insektinstinkt meldet daß ihr Königreich taumelt sie möchte beten nach Menschenart aber der Name des Anzubetenden ist ihr entfallen sie schleppt sich zur Arche gräbt sich ins morsche Gebälk und hört die ersten Takte der Himmelsbrüche

Die Nymphen

Die Nymphen hatten es gut
in der grünen Zeit
sie waren geborgen in Häusern
Wohnung aus Waldduft und Wind
durften erscheinen dem Einen und Andern
der in die Seele des
Waldes geraten war

Schön leicht und geborgen
waren die Nymphen
ihre Sorgen schliefen
im Schatten schlummernder Bäume
ihre Träume glitten auf
Äthersohlen über die Erde
leicht und leise
um die Schlafenden nicht zu stören

Die Nymphen hatten es gut
in der grünen Zeit
Heute wären sie schwer und grau
sie wußten es wohl und
verhauchten ins Blau
Nur ihr Haus aus Silber blieb
als Saum um das Grau

Der Pfad war verwachsen

Aus dem goldnen Käfig
der Geborgenheit
flog ich in den Dschungel
der brausenden Bäume
und lüsternen Tiere

Der Glanz in der Lichtung
war mittags zu blendend
des Nachts waren die Bäume schwarz
die blutigen Augen der Tiere zu nah
Ich flüchtete in eine Hütte
aus Laub und Angst

Der Wind zerzauste das Häuschen
Eulenaugen hingen am Fenster
Wölfe beschnupperten die lockeren Wände
sie rochen mein Fleisch
ich roch ihre Gier

Ich wollte zurück in den Käfig
aber der Pfad war verwachsen

Der Mohn ist noch nicht rot

Sieh die leise Mutter unter Sternen
blau und weiß und voller Mondgebete
so gehen meine Stunden und Sekunden
immerfort im kleinen Kreise
wie die Mühle immerfort im Kreise

Muß nicht bald der Fürst mich holen
In der Asche sind noch meine Sohlen
Wolke webt mein Tuch aus Blitz und Tau
Himbeerrosen tropfen auf den Saum
Die Minuten ziehn in engen Kreisen
um mein Warten
immerfort im bangen Kreise um mein Warten

Berge bücken sich mit goldnem Schnee
Mutter nähte meinen weißen Mantel
hermelinverbrämt mit Sternekragen
Berge bücken sich mit goldnem Schnee
Wartet ungeduldige Aschenjahre
Fürsten eilen nicht die Ewigkeit hat Zeit

Der Mohn ist noch nicht rot in meinem Haar

Pupillen

War nicht das Meer das wellengestufte unsere Mutter
mit Brüsten voll salziger Milch
War nicht der Fisch der silbergezackte unser Bruder
brüderlich herzlich im Schweigen
Wohnten wir nicht Äonen im kühlen Brand der Wogen
Waren die strahlenden Sterne uns nicht gewogen

Sie leugnen es nicht sie schweigen beredt
Nachkommen sind wir nicht erste nicht letzte
Urrunde Muscheln sind wir wo die Mutter noch träumt
noch seufzt noch das Wiegenlied singt
noch die Perlen weint ihre Tränen

Sieh die Pupille die Perle im Glanz unsres Blicks
Perlmutterrund ist die Welt in ihr die sternende Erde
grün ist der Grund des Meers wie das Eden der Erde
wie der erstaunte Wald im See der Pupille

Perspektiven der Zeit

Die Jahre sind
ein Wettrennen mit dem Tod
der sie immer übervorteilt
und früher ankommt

Monate sind
langsame Wiederholung
des Mondes
Ebbe und Flut
im Blut

Wochen sind
Warten auf die nächste Jahreszeit
zögernde Vorbereitung
auf die Traumhast der Jahre

Die Tage zerbröckeln
zwischen den Fingern
wie dürre Figuren aus Lehm

Die Stunden sind
das Gequälte und das Gekrönte
Der böse und schöne Trug
vollzieht sich im Nußschalenraum
der Stunde

Die Minuten sind träg
Wer errät
ihren unregelmäßigen Gang
Sie haben den Hang
zu früh zu sein
oder zu spät

Nur der Moment
ist ewig
Er brennt
unausgesetzt
im Augenblick des Jetzt
dem Gott der Gegenwart

Der letzte Vollmond

Der letzte Vollmond schmeckte süß
wie eine saftigjunge Nuß
Ich naschte ihn von Traum zu Traum

Es fiel ein Stern auf meine Stirn
eh ich ihn spürte war er fort
Die Freundin steckte ihn ins Haar

Die Ahornblätter blickten hart
und mürrisch in die goldene Nacht
Sie wiesen meinen Gruß zurück

Warum geliebtes Laub warum
Ich ging zum Wind der zärtlich war
er wischte die Verwirrung weg

Ein schlankes Wasser war erwacht
da schwammen alle Stern und Blatt
von meinem Mond zur Ruh gebracht

Der Brunnen I

Der Brunnen wartet die Kühle ist bereit
der Eimer schaukelt und die Kette klirrt

Aber zum Brunnen führt kein Pfad
Die Zehen verfangen sich
in Himbeerbüschen und Dornenhecken
Brennesseln beißen in die Beine
Im trocknen Gras nistet die Schlange
die Zauberin mit giftigen Augen

Der Wanderer im Julinachmittag
verzehrt den Laib der Sonne
die goldene Mahlzeit
Ihn dürstet
Mit dunkelsüßer Stimme ruft
das Wasser seinen Namen
Der Eimer schaukelt und die Kette klirrt

O Brunnenmutter mit der kühlen Milch
sing ihr dein dunkelsüßes Wiegenlied
schläfre sie ein mit seinem Wiegenlied
wieg die Eimerschaukel
laß die Kette blinken
Schlangenaugen sind empfindlich

Der Wanderer weiß nicht was die Mutter tut
aber das Wasser das Wasser ist
so kühl und klar und gut

Paris I

Die Luft silbert wenn du
Paris berührst ohne Geographie
Sieh wie der Stern Etoile die Richtungen ausstrahlt
die delikate Haut der Champs Elysee
deinen Blutstrom streift

Die Pariserinnen im grauen Stoffkostüm
schmucklos elegant
tragen den Schimmer unter der Haut
mit verhaltenem Lächeln
sagen sie nasale Silben
und sehn dich lächelnd an

Spiegelungen
auf der Place de la Concorde
Springbrunnen im Silbergeflimmer
östlich nördlich südlich westlich

Halb geschälte Schichten
alter Mauern an der Seine
dein historischer Instinkt gewahrt
hohe große Gemächer aus dem 17. und 18. Jahrhundert
ein Abglanz schimmert noch auf dem Schimmel
die Seine flüstert
französisch silbert die Luft

Anders tönt dieser Name als andere Namen
PARIS rufst du hinunter
PARIS antwortet das Echo
im Silberflimmern

Der Briefträger

Eine Tasche Welt
Fünfzig Pfund Kontinente
Das Gewicht der Schicksale hängt
auf der abgehärteten Schulter
Merkurs

Kein Dorf zu klein
Kein Land zu groß
In seinem Beutel herrscht
Demokratie aller Marken
Könige Präsidenten Würdenträger und Wappen
hier mit gleichen Rechten bedacht

Moderner Merkur
Seine Botenwege
langweilig und wichtig
Der Kontakt mit dem Empfänger
fast Null
Nur Namen und Nummern

Die offenen Münder
der verschlossenen Metallgesichter
seine Finger füttern sie
mit verschlossenem Papier
Geburts- und Todesanzeigen
Einladungen Transaktionen
Eifersucht Bruch Schwüre Schwüre
Papier ist geduldig
Merkur ist geduldig

Ostern im Schnee

Ins zauberische Schneefeld pflanzen
weiße Engel Ostereier
Sie wachsen im Schnee mit dem Safran

Ich spiele mit dem Urei in der Sonne
sie brütet meinen Aschenbrödeltraum aus
Goldene Gewänder das Sternengeschmeide
legte Herzog Lenz in ein Osterei

Ich schmück mich jeden Abend neu
und tanze
mit dem Mond
Adagio

Jung wie Küken
diese Ostertage
Muttersonne brütet das Ei der Sage

Das Tier mit den goldnen Gedärmen

Das Tier mit den goldnen Gedärmen
darf nicht geschlachtet werden
Es lebt im Tabufeld des Menschenhirns

Das Tier mit den goldnen Gedärmen
hat viele äußere Leiber
geflügelte geschuppte vier- und vielfüßige
aber seine Organe
sind golden und edelsteinen
und sein Geist ist der Hauch eines Urgotts

Das Tier mit den goldnen Gedärmen
weidet auf deiner verstohlenen Alm
ernährt sich und dich
von den unirdischen Keimen der Ahnenfrucht
Es dankt dir für Herberge und Glauben
mit goldenen Eiern der Mythe

Nicht mit dem Ohr

Mit vielen inneren Uhren
bist du begabt
Nicht mit den Uhren der Zeit

Die Werke in dir
sind voll geheimer Gesetze

Ich höre den Herzschlag
deiner großen Räder
der mittelgroßen und kleinen
und der allerkleinsten Rädchen
Ich höre sie nicht mit dem Ohr

Sie liegen an meinen Pulsen
und legen verschwiegne Sekunden
in ihre Läden

Ich hör die verborgne Botschaft
höre sie Tag und Nacht
Ich höre sie nicht mit dem Ohr
Mit dem Herzen

Neurose des Abends

Die Neurose des Abends ist Berührung
Fremde Dinge wachsen ineinander
und werden ungenau Neues

Hagere Stadtkonturen streifen
den Horizont eh sie in Finsternis zerbröckeln
Sternenfinger streicheln die Haut der Erde

Feinde betasten sich im Traum mit dem Tod
Der Mond berührt die Schläfe des Schlafs
mit Angstdornen und mit rostiger Erleuchtung
Liebende halten den Himmel umschlungen

Neurose des Abends fremde Berührung
Dunkle Dinge wachsen ineinander
und werden ungeahnt Neues

Mütter summen

Der Morgen tönt
die Wellen der Felder
den Bug des Flußes
den Flug der Schwalben
den Schnitt der Bauern
den Schritt des Städters
    Mütter summen über den Wiegen
    Weisen den frühen Stunden entstiegen
Der Kupferabend
schmückt die Schwelle
mit warmem Licht
Die offenen Fenster
glühen im Zuhausesein
Die Schwester ahnt
des Bruders Geheimnis
errötet und sinnt
im schrägen Sonnenstrahl
    Mütter summen über den Wiegen
    Weisen den sinkenden Stunden entstiegen
Die Nacht hebt alles
empor zu den Sternen
die wirklich unsere
Nachbarn sind
Wir lernen die wunder-
tätigen Sprachen
der fremden Sachen
im eigenen Puls
die schönen Rhythmen
entlegener Länder
den scharfen Glanz
eines sterbenden Sterns
    Mütter summen über den Wiegen
    Weisen den späten Stunden entstiegen

Alice in Wonderland

Wenn das Gras aus dem Schlaf steigt
klopfen grüne Finger an meine Schläfe
ALICE
      und es geht durch den Kiefernschacht
ins Gebiet der Hirsche und Hasen

Ich trinke Milch aus dem Pilz
und schrumpfe zusammen
Käferklein erklimm ich einen Halm
Deutlich rieselt Bienengespräch Vogelgespräch
meine Muttersprachen

Ein flüchtendes Wiesel warnt mich
vor dem lauernden Luchs
Hier kommt meine schüchterne Freundin
das Reh
und gibt mir Bescheid

Ich esse Pilzfleisch
und wachse waldweit

Spiegel waschen sich im Tau
Der Regenbogen in jedem Tropfen
färbt siebenfach das Geheimnis des Kreises

Wann bist du Baum
wann bist du Vogel
wann bist du Lied
ALICE

Mit allgemeinen Mienen

Ungeliebte Blumen
im Dunkelgarten der verstörten Erde
verschweigen ihren Duft
Schwarz umflort
schreitet der Frühling an ihnen vorüber
in Trauer um verstorbnes Blühn

Verdüstert sitzen
die Straßen auf den Steinen
mit allgemeinen Mienen
Das warmherzige Du ist nicht in ihnen

Mensch aus Versehen
Für Norma Gong

Ich war einmal ein Hund
der himmlische Hundehüter
warf mich in die Menschenwelt
statt ins Hundreich

wo ich zu Hause wäre
unter meinesgleichen
nicht Not litte an Wärme
nicht tippen müßte tagein tagaus
geruchloses Zeug
nicht lächeln müßte
wenn ich winseln möchte

Wenn ein Hund mich beschnuppert
spürt er
spüre ich
daß wir Landsleute sind
Verwandte
Er begrüßt mich zuvorkommend mit
graziösem Schwung seines Schwanzes
wird zutraulich zärtlich gerührt und
legt mir seine Seele zu Füßen

Wir wissen
daß wir einer uralten friedfertigen
weitwitternden Rasse angehören

Maya Pyramiden

Pyramiden gepflanzt ins
indianische Erdfleisch Tueztanz
steile Paläste, die Zeit zu vereiteln
Göttern und Sonne näher zu sein

Hieroglyphen mit versiegelten Mündern
melden das Bildbekenntnis zur Dauer
Der Körper ist ewig
Geist, der Hüter des Körpers, ist ewig
ewig: Sonnengefieder, Erde, Sterne und Staub

Das Opfer: Jungfraun im Brunnen versenkt
in Zeiten der Dürre
denn die Götter brauchen Blut, um Regen zu machen
Blut ist ewig, es kehrt zurück in den Staub,
ins Licht, ins Fleisch, denn das Fleisch ist ewig
wie die Götter, wie Wald, Stein, Sterne und Staub

Ins Erdreich gesunken, verwaldet, verwildert
von Pflanzen verschlungen
Aus dem Urwald wieder herausgeschnitten,
mit Baumwurzeln und Legenden verstrickt
das Bergwerk der Pyramiden
Wieder gehoben ins Licht, in die Sicht, ins Staunen,
denn das Staunen ist ewig wie
Sternstaub, Geist und die goldnen Augen der Götter

Halbgott

Aus weißer Namenlosigkeit kamst du
halbgöttisch
Deine Enzianaugen
sind ein strahlender Himmel
und ein Strand in Italien

Alle hellen Wasser
sickern durch deine Finger
Der strömende Fluß hat ein Ufer
in deinen Gedanken

Du bist das Tönen und Verstummen
von Glockenwelt sie wohnen
im Haus deiner Stimme

Aber die Schlange ist neidisch
Sie streichelt deine Haut
mit aalschwarzer Zunge
und pflanzt ihr feines Gift
in dein Blut

In braune Namenlosigkeit gehst du
goldblauer Halbgott
mit dem Antlitz des Menschen
mit Augen aus Himmel und Meer

Status quo

Unermüdlich
    gehen die greisen Mühlen
        im runden Raum

Sie mahlen
    die Sterne zu Staub
        den Mond zu Traum
            die Erde zu Zeit

Nur er
    der durchsichtig-dünne
        Don Quixote
nimmt auf den Kampf
    mit den ehernen Flügeln
        der unermüdlichen Mühlen
Sie fassen ihn nicht
    zerreiben ihn nicht
Sein leichter Leib fliegt
    von Flügel zu Flügel
        unbeschützt von Schild und Schwert aus Licht

Die Mühlen gehen
    den gleichen unermüdlichen Gang
        im runden Raum
Unsichtbar wie Äther
    ist der Streiter
        Der Kampf ist endlos
            Keiner siegt

So oder so

So oder so
    ein Menschenalter
        am Tod entlang

Es staunt die Resede
    der leiblichen Brüder
        ewige Fehde

Die Klippen rufen
    das Wasser stöhnt
        über unterirdische Stufen

Befreundete Willen
    einen Atemzug Wegs
        verstrickt im Stillen

So oder so –
    ein Menschenalter
        am Tod entlang

Oreo

OREO
    goldener Odem
        des Sonnengotts

So voll so rot
    wie vor dem Rosentod

Loser Mohn floh
    mit dem Flötenton
        in den Odem des Gottes

ungeboren noch
    aber schon froh
        der goldenen Botschaft
            der Rotschaft
                der Sonne

Goldodem
    sonniger Sohn
        OREO

Nocturne

Wer hämmert den Sternpendel
an die Uhr
Gedichte aus Jetzt und Kristall
ins Gedächtnis

        Haie reiten auf dem Meerrücken
        die Luft gerinnt
        die Milchstraße ergießt sich
        ins Netz

        Ein Faden trennt
        die verirrten Liebenden
        im Eulenwald
        Fledermäuse verfangen sich
        in ihren Haaren
        Fackeln im Gebüsch
        malen Masken aus Stein

Über dem Eiland
leuchtet der Bachhimmel auf
melodischer Mond
fugengebaut
Motive milder Gestirne
unerschöpflich geschöpft
aus der Nacht

Mir ist der Schnee vergönnt

Die eingeschneite Straße reicht
an meinen schlaflosen Abhang
Eisdornen stechen in das Fleisch der Nacht
Alle weißen Rosen rupft
                     der Himmel über uns
den kalten Feuerflaum der toten Rosen
                               streut er über uns

Plötzlich stürzt die Lawine eines Sekundentraums
vom Berg den ich vergessen hatte
                    über meine Lider
Oder ist es der weiße Flieder
des Schnees der auf meine entlegenen Lider fällt

Das Silberfenster pocht und pocht
                       an meine Rast
Die eingeschneite Straße ist fast
so weiß wie mein Alleinsein im Sonntagsturm
Verschollene Menschen hasten ins Heimatlose
der Sturm verweht die Angstspur ihrer Schritte

Die fieberweiße Straße stöhnt
                       will nicht allein sein

Mir ist der Schnee vergönnt
                       das Eingeschneitsein

Greis und Mädchen

Gotisch türmt sich die Stadt
über dem dunkelnden Fluß
Unversehrt sind die Umrisse in der Dämmerung
Tönende Straßen verästeln sich
im Gesträuch des Abends
    Der heitere Greis tröstet das traurige Mädchen
    das immer Sonne will immer Sonne

In verschwiegenen Ecken sammeln sich
der Staub das Laub die weggefegten Schatten
Wände schützen die abgelegten Dinge
Eine Weile aber der Wind liebt sie
umarmt sie und trägt sie
in seine flüchtende Wohnung
    Der junge Greis tröstet das fröstelnde Mädchen
    das keinen Wind will keinen Wind

So weiß der Mond so blaß der Abendstern
Die Wolke steht dem letzten Licht im Weg
Die Möwe senkt die Silberflügel
Der Fluß schließt seine Glitzeraugen
Schatten drehen sich im Vespertanz
    Der wissende Greis tröstet das weinende Mädchen
    das immer Licht will immer Licht

Und ihre Tränen werden schwarze Sterne

Das Alter

        wächst in dir
    fleischverschlingend
      unersättlich
  bis   bis
  du   ES
  ES   du
  bist   ist
bis
        das
        Nichts
        es verschlingt

Nonnenkloster

Braunes Glockengeläut
    Unausgesprochene Schritte
        schwarz-weißer Nonnen

Verschwommene Gesichter
    Der Rosenkranz tropft
        in die einsilbige Zeit

Mauern aus Stille
    Ununterbrochene Vision
        auf der getünchten Wand

Du und dein Bild

Auf der Wand
du lebst
Ich hab dich lieb

                        Es taugt nicht
                        denk nicht an Wiederkehr
                        wirst mich nicht finden

Ich folg deinem
Blick im Bild
Wir gehn zusammen

                        Versteh mich
                        du kämst umsonst
                        ich bin nicht mehr hier

Glück I

Dem eine Stunde schlägt
                   Glück
                                 verstohlen

Komm
Bergatem
vierfach verstärkte Stimme
Komm
Bach
    forellenblau hüpfend
und du
       Sebastian
dem mein Hören gehört
Schlägt mir eine Stunde
                     Grün
nimmt auf meinen Schatten
                            freundlich
wächst in meinem Blutkreislauf
der Wille
      zu sein

im Herzschlag des Wassers
in der Grünblutfläche
im Felsmineral

Eine Stunde Glück
                schlägt mir
ein Herz aus vier Blättern
ich pflück dich nicht
                Klee
                          kein Sterben beglückt

nur dein Ebenmaß
schreib ich mir
ins Gedächtnis
        und deinen andern Ebennamen
                              Paul
der Farben mengt
aus Traumgras und Herzblut
auf unsterblicher Fläche
    schreib ich mir
            ins Glück

Erfahrung I

Mit der Schnecke im Schritt
gegen die Zeit
              ich hab es gespürt
Feuernägel im Fleisch
Speichel und Hohn

Auch die Krone aus Dornen
und das Nesselhemd
              ich hab es gespürt
aber deine Finger
stillen das Blut

Ostern I

Ostern
im grünen Erinnern –

Das war
    im Machtreich der Sphinxe
    da hielten wir stand dem Heer

Das war
    als der Stab
    das Wasser gespalten

Das war
    als die Ahnen
    das rötliche Meer durchquerten

Das war
    als in Wüstensonne
    sie buken das Brot
    das wir ehren

Das war
    ein heiteres Hungerfest
    von Moses gesalbt

Osterland hier
im grünen Gespinst
Manhattan du mächtiges Reich
Häuser ihr hohen Sphinxe
Meer in zwei Flüsse geteilt

Ostern
wo Grün sich erneuert

Wir Meteore

Wir gestorbnen Sterne wir Meteore

glorreich stürzend

schöner die durch Tod längst nen entfachten Tod
Nacht unsern unsern gestorb-
wird wieder

wir Stürzenden nicht nicht
oben unten

im Glanz erstandnen Meteore
vergangnen auf-

Träum es ein

Du wirst ein Märchenbaum sein
unter Pflaumenbäumen
grün-violett

Brauner Kern
in den braunen Schoß
drück ich dich
und raune dir zu
ein Märchen

Träum es hinunter
                in die Wurzel
träum es hinauf
                in den Wipfel
Träum es ein
                in Laub Blüte und Frucht

Gewiß
du wirst ein Märchenbaum sein
unter raunenden Pflaumenbäumen
grün-violett

Übergang I

Wir atmen die
   letzten Vögel ein
      den Duft ihrer Stimmen

Flecken ätzen
   abstrakte Muster
         in Blätter

Zwar ist der Hudson ein
      strahlender Strich aber
     seine Harfen sind hinfällig geworden

am Dröhnen der
     Autostraßen die
         stärker sind

Allmählich rückt
       ein Haus vor
          die Sonne

lehnt an die Himmelshaut
        auf der die Sterne
            zu zucken beginnen

Der Bus

Kommt nicht
        verspätet
                again and again

April
    steht am Times Square
                ungeduldig
    wartet auf den Bus
              zum Central Park
   kommt nicht
        damn it

Bäume
   in hellgrünen Hemden
                  an der Gartenecke
   warten auf den Bus
              der bringt Kinder
  mit Bällen
      aufgeblasen von Begeisterung
 verspätet natürlich
          kommt nicht
              o boy

Nonnen
   an der Kirchenecke
                warten auf den Bus
  schwarz/weiß
       verspätet
          heavens
              instead
  der Regen kommt
           auf zarten Schienen
  läßt sich gelassen nieder
            auf Hauben

    an der Haltestelle
                    fällt das Fahrgeld
ins Wasser
        verspätet
                wie oft

Wind
    wartet auf den Bus
                nervös
                      verspätet
kommt nicht
        wartet auf Schirme
                      die aussteigen
wundervolle Vögel
                deren Flügel man rupfen kann
Menschen wachsen unter ihnen
                          auf Aprilstengeln
die man biegen kann
                wait till I catch him

Der Executive
        mit Aktentasche und Aktien
                          wartet
    auf den Bus
            5th Ave. downtown
weil sein Auto umgekippt
                        im Wind
ein Aprilscherz
            kein Taxi
                    im Regen
verspätet
        wie immer
                kommt nicht

                    I'll tell the Mayor
                    I'll tell the Governor
                    I'll tell the President
          kommt nicht

Warten
     auf den Bus
                    Stunden Tage Wochen
          kommt nicht
                    Streik
                              verspätet
          April Wind Executive
                              im Regen
          warten
               nicht auf Godot
                              auf den Bus
          Traumbus
                    help help help
                              kommt nicht

Thanksgiving

Wieviele Truthähne
Herr
müssen ihr Leben lassen
in Amerika an diesem Donnerstag
im November
damit wir dir danken

Wir danken dir
Herr
        daß du uns gestaltet hast
        nach deinem Ebenlicht
Wir danken dir
Herr
        daß du unsern ersten Eltern
        den Garten gabst
        mit zahmen Löwen
        und wilden Äpfeln
Wir danken dir
Herr
        daß du ihnen geschickt hast
        die Schlange mit ihrer süßzüngigen
        Stimme der Versuchung
Wir danken dir
Herr
        daß du unsre Ureltern
        nach dem Fall herausnahmst
        aus ihrer nackten
        Unsterblichkeit
        und sie bekleidet hast
        mit den Masken der Zeit
Wir danken dir
Herr
        daß du uns angesiedelt hast
        auf einem grünen Stern

Wir danken dir
Herr
             der duftet nach
             Korn und Schnee
Wir danken dir
Herr
             daß du unsern Geist bevölkert hast
             mit Göttern
             Engeln hellen
             und dunklen Dämonen
Wir danken dir
Herr
             daß wir die Möglichkeit haben
             dich zu erschaffen
             nach unserm Ebenbild
Wir danken dir
Herr
             daß du uns Sprache verliehn hast
             Gesetze und Denksysteme
Wir danken dir
Herr
             daß unsere Vernunft
             die Himmelskörper die Erde
             und ihre Bestandteile
             erforschen durfte
             die Atomwelt entdeckte
             und die Formel
             wie sie zu sprengen

Wir danken dir
Herr
          daß unser Denken
          ein Funken deines Lichts
          gelernt hat
          wie unser eignes Geschlecht
          zu vernichten
          durch den Druck eines Hebels
Wir danken dir
Herr
daß wir dir danken
dürfen an diesem freien Tag
mit einem Festessen
für das die Vögel
mit dem kollernden Ruf
verbluten müssen

Herr
erbarme dich ihrer schuldlosen Seele

Wieviele Truthähne
Herr
müssen ihr Leben lassen
damit wir dir danken
an diesem Donnerstag
im November

Herr
erbarme dich unsrer sündigen Seele

Liebe I

Rose und Dolch

Der Ring
hat einen Finger gefunden
der ihn nicht mehr entläßt

Im Park
wächst eine Wiege
aus Liedern

Zwei Wolken kämpfen
um den Vorrang
Bald wird es regnen

Die Tauben
im Vorhof des Tempels
haben sich lieb
haben sich lieb

Unter dem Baldachin
nimmt der Schleier
die Gestalt einer Amsel an
Balsamisch
singt ihr Herzschlag
Die Rosen
legen ihre Dolche schlafen

In memoriam Elieser Steinberg

Czernowitz
Heimat der Hügel
Hoch der Balkon
über Rosch

Wer wußte um ihn
Zwerg mit dem Riesenhaupt
Steinberg Elieser
Erlöser von Stein und Berg

Czernowitz
Heimat der Träumer
Hoch das Haus
über Rosch

Da lebte der Mann
halb Riese halb Zwerg
in Mansarde
verwandelte Arche

Da wurde die
Erde untergebracht
keinem Ding
war Atem versagt

Maulwurf und Maus
Rose und Ring –
kein Körper blieb tot
solang Elieser lebte

In welchem hermetischen Tal

Wer ZEIT sagt
weiß um den Untergang
kennt die Kabbala
der Jahre

Aus dem Sumpf
taucht ein Januskopf auf
Schichten geschlachteten Lichts
im Blick:
zwei halbe besudelte
Heimlichkeiten

Die gelbe Braut
entsteigt der Sänfte des Sands
verschleierte
Gesichtslosigkeit

Wo wird die Hochzeit
begangen
In welchem
hermetischen Tal
findet das Fabelwort
LIEBE
einen atomsichern Tempel

Katakomben des Schlafs

In den Katakomben des Schlafs
zerfällt dein Gesicht
in seine Elemente
an jeder Biegung
holt eine andre
Zeit dich heim

Auch Körper und Farben
zerfallen
Blau ist Grün und Grau
du bist ich
und ich bin
einmal ein Baum
einmal eine Holzschale Milch
in Angst getrunken zu werden

Es ist so dunkel
in den Katakomben
man kann sich
vom andern
nicht unterscheiden

Mädchen im Park

Hohe Spitzschuhe
trommeln auf
gepflastertem Pfad

Korngelber Schopf
hüpft im Schritt
der Achtzehnjährigen

Ungeduldige Finger
zerreiben ein paar
Blättchen

Ihr Atem
ist eine
elektrische Welle

Spatzen und
Eichhörnchen
flüchten erschreckt

Mit dem Doppelatem

Uferwange
an meinen Schritt gelehnt

daß ich das Wasser suche
ist natürlich
die Wortfalt der Wellen
vermehrt meine Sprache
um einen Atem

Mit den Armen
meines Doppelatems
fang ich Gestalten auf
eh sie gerinnen
ball ich den Regen
zu einem Körper
mit dem ich mich messe
zwing ich gelockerte Lichter
in die Sternfigur

Mit vollendetem Glanz

An verfallnen Göttern vorbei
fliegst du
Taggestirn
mit vollendetem Glanz

Wenn der Regen
die Dächer heimsucht
sprechen die schiefen Knospen
jenseits der Mauer
deutlicher

Geläutertes Laub
Auch du
plötzlicher Pilz
bist geadelt
In den Nestern
atmen
fertige Flügel

Eine spurlose Hand

Auf dem Ozean atmet
der Mond
Salz und Sternenluft auf Deck
Phosphorfische färben
die Fahrt

Schaukel aus Schaum
Schwung vom Milchweg
zum Meer
Eine spurlose Hand
gießt
den Himmel ins Schiff

Ewigewig Sommer

Die straffe Haut
der Traube
am Hang des Sommers
Sag kann der Wein
süßer sein
als solcher Sommer
Sag ist der Traum
der größre Raum
als dieser Sommer
Wer weiß es wer
was mehr und mehr
ist als der Sommer
Die straffe Haut
der Traube
als wär der Sommer
ewig ewig Sommer

Mondasche

Mohnsterne
im schlafreifen Kelch
Die Nacht ist ein
schwarzes Feuer

Wenn du erwachst
ist schon
der Mondbrand gelöscht
liegt schon die Asche
in deiner Hand

Trauere nicht
Streu den Mondstaub
in den Wind
Vielleicht wächst er zusammen

Nacht III

In der Nachtkrippe
schaukelt
eines Wiegenlieds
Litanei

Figur an Figur
von versteckten Fingern
entflammt

Sternfamilien
In der Mitte
die Mutter
die Kinderschar
um ihr Licht
Aus silbernen Brüsten
quillt Milch

Froschperspektive

Der Froschkönig
Regent des Teichs
tauft seine Krone
mit Schlamm

Der Chor der Froschprinzen
singt die Tümpelhymne
stimmt an das Nachtgebet
die Algen sagen Amen.

Der Goldfrosch am Himmel
der runde Riese
König der Nacht
kommt zu ihnen geflogen

Lauschend schaukelt er
auf dem Diwan des Teichs
sonderbar: er ist
unten und oben zugleich

Nacht IV

Die Pfauen
sind schlafen gegangen
im Mondzelt
das Rad ihrer Augen
kreist um den
Nabel der Nacht

Wir pflücken
Sternkräuter
und brauen den
Tee unsrer Zauberkunst

Nun ist es leicht
die Flügelfee wahrzunehmen
im schwarzen Gemäuer
und mühelos zu tragen
das Gewicht der Erscheinungen

Neujahr I

Mit Zigeunern wandern
Zukunftszelte aufschlagen
zwischen zwei Zeiten
in dieser Nacht geglückt

Laß Drachen steigen
die ein Meister schnitt
aus Meteormaterial

Der struppige Engel bläst
ins Horn
sein Ruf
ein Windkran
hebt den Schnee
aus den Angeln

Kein Eis hemmt den Strom
der Sanduhrzahlen

Nimm die neue Ziffer
ins Gedächtnis
mit auf die Wanderschaft

Nur die Gestirne

Was noch an Südlichem blieb
wird siech
Im Trost der Sonne
ringen Büsche nach Atem

Du watest im
Fluß der Fäulnis
Das regenumrahmte Ufer
hängt im erblindeten Raum

Daß Sommer war
ist Legende
Deine blauen Hände
glauben es nicht
Nur die Gestirne
haben noch ein Gesicht

Ostern im März

Frau Holle
deine Federn
schenkst du der Sonne
zum Schmaus

Aller Flaum
schon vertan
Kein weißes Gespinst mehr
im Spind
Winkst du uns
mit wehendem Tuch
dein Ade zu

Wir haben
ein anderes Muster bestellt
Safrankelche
Flasche mit rotem Gedenkwein
Erinnerungsbrot
im blattgeflochtenen Korb
die bunten mythenbemalten
Ostereier

Prismen

Das Prisma im Fenster
zerbricht
eine Wolke
fährt über die Flasche

Du siehst der Zeit
auf den Grund
im Spiegel wo
dein Bild eingerahmt ist
von matten Farben

Die Wolke wächst
in den Spiegel
du siehst der Zeit
auf den Grund
das Prisma in deiner Pupille
erlischt

Salz und Versäumnis

Gestern nacht
schwamm das Meer an mein Bett
bot mir sein Salzherz an

In silbernem Panzer
ein Riesendelphin lag
im Sommersand
mondene Augen aus Glas

Sei nicht so tot
rief ich
ich hole Freunde zu Hilfe
Engel und Meergott
sie legen dich in den
nassen Atem zurück
Sei nicht so tot

Zur Rechten der Fisch im Feuer
Zur Linken die Brandung
taucht mich in
Salz und Versäumnis

Die Freunde schlafen
in Wolkenfedern und Meer

Schnee I

Wolke
weiße Vermittlerin

Glückt mir's
ein Wort zu finden
das dich bringt

Dein Schneeherz zittert
Der Wind
mein Wort
es war der Wind

Du schneist
Ich werde weiß
an deiner Sprache

Doch wie soll ich
wie soll ich
meinen eignen Schnee
die kleinen Sterne
steigen lassen
Sprich

Die Nacht hat

Die Nacht hat
der Mond hat
Silberwimpern
pfaublaue Augen

Ein Reh geht
durch mein Haar
Schatten duellieren sich
im Sternwerk
Ich trage ihre Schüsse im Ohr

Ich stehe
rechts in Schneewurzeln
links im Bach
der von Dach zu Dach stürzt

Es ist friedhofgrün
Die Nacht hat
der Mond hat
silberne Kinder im Arm
meine Ungeborenen

Die weißen Rosen
in der Nabelvase
duften immer milchiger
immer kühler
auf meinem Grab

Dezember

Schwer der Übergang
Dieser Monat hat seine Wunden

Herzog Dezember
ein Fürst
in unserm Land

Wir dienen ihm
Daß sein Glanz
uns nicht erdrücke
ist unser Gebet

Schnee
uns zu Füßen
Weiße Sterne verbluten

Auch dieser Monat tut weh

Des Kaisers

Der Stern
blutet auf der
Bettlerwange
Der Pfennig liegt
durchstochen im Staub
Fische mit
gebrochenen Augen
faulen im Schimmelteller
Schüsse laufen atemlos
von Mensch zu Mensch
Feuer fällt
in die Eingeweide

Der Silbertaler wird schwarz
». . . was des Kaisers ist«
alles ist des Kaisers
der Urenkel wird siech
Lepra frißt sein Fleisch

Seliger Schnee
nimm auch das Echo
in deine Vergangenheit
Gib dem Bettler
was des Kaisers ist

Schneesturm I

Monumente vermummt
in glitzernde Kutten
Forellen
in Flocken verwandelt
umtanzen die Körper

Von allen Seiten
kommen Augen geflogen
duellieren sich
im Vielfarbenfeuer
Hauchsäulen
nüsternwarm
schweben im Schnee

Schutzlose Schritte
Kein Schuh
kennt den andern
Fremd die Stadt
wo du wohnst

Schriften

Die Dinge schlummern noch
Ruhäugig schaut das Fenster ins Dämmern
Tisch und Stühle stehn verlegen
zwischen Tag und Traum
Die Kleider auf den Hängern
regen sich nicht
wollen nicht angezogen werden

Aber die Stunde sputet sich
wird unablässig geschrieben
von der Uhr

Die erste Sonnenfeder trostrot
schreibt die Litanei des Tags
auf die Scheibe
Bad Kaffee Eile
Fahrt im stählernen Brausen
dunkles Straßensilber
Menschengeruch
Ritual der Arbeit

Hinter der Scheibe
die Frühluft schreibt
Lebensduft
schreibt die Sonnenhand
das Gedicht des Morgens
ins Gedächtnis

September I

Pflaumen reifen
Astern entfalten vielfingrige Farben
Auf Wurzeln gestützt
aneinander gelehnt wie Liebende
stehen Halme

Die Sonne wird strenger
Sie nimmt die Kreaturen
auch die warzige Erdkröte
und die reglose Kupferschlange
in ihre Obhut

Verwandelt
weilt der Mensch
in der Schöpfung
die ihn fürchtet und meidet
Er achtet ihrer nicht
sieht nicht
Leib außer seinem Leib
bemerkt nicht
Geist außer seinem Geist
leugnet
Seele außer seiner Seele

Die Sonne lächelt
und spendet
sterbendes Licht

Die Sekunde

Die Sekunde
sinkt in die Stunde
nimmt mit meinen Puls
in den Gleichton

Dem mechanischen Tier
im Karussell
der Schreibmaschine
dien ich
8 × 60 × 60 Sekunden im Tag

Vom Fenster fliegt
der Sonnenvogel
aufs Papier
das aufblüht
eine Sekunde

Daß auch diese Sekunde
in die Stunde sinkt
die Stunde in den Tag
der Tag in den Maschinenraum der Gestirne
und sie das Karussell drehn –
ich spüre es nicht

Sieg

Geschundene Haut
in schwarzer Watte

SIEG

Länder
vergriffen
In Bibliotheken stehn sie
als Prachtausgabe in Goldschnitt

Die Verbliebenen
chiffriert
im Geheimamt

Vorsicht
Der nächste Sieg
wird verkündet
geduldiges
sauber bedrucktes Blatt

Song

Whisky ist transparent
wie du darling
leuchtest im Whiskylicht
eine Stunde im
süßen Inferno
time is money
aber eine Stunde
darling mit dir
ist ein kostbarer Corso
ein Jetflug über
Canyons und feurige Spiegel
ein himmlisches Spinnwebspiel
im süßen Inferno
eine Stunde
darling mit dir

Sonnenaufgang I

Das Nichts
führt Dramen auf
im Traum

Vieläugig
schlägt ein Rad der
Sonnenpfau

Zurückgeworfen
ins Erwachen
wer bin ich wenn
der Vorhang fällt

Das Ticktackherz
liebt meinen Zahlensinn

Ach Sonne
ich zähl nicht mit
wo soviel Gold
ist im Spiel

Spiel im Spiegel

Mädchengesicht
aus sechzehn Jahren
steigt in den Spiegel
erschrickt

In den Pupillen brennt
schwarzes Licht
die sechzehn Jahre
löschen es nicht

Wohin führt der Brand
Die Spiegelhand
hält zwei Fackeln
rechts und links
Abgründe aus Glas

Das Spiel im Spiegel
beruhigt sich
die Zwillinge
finden sich wieder
schwesterlich
im Quecksilberraum
voll heimlicher Feuer

Abschrei

Den Abschrei
des Stürzenden
nur mit dem Zwerchfell
hören

Ich ertrag es nicht

Bruder
ich möchte in deine
Haut übersiedeln
deine Schönheit
mir zu eigen machen
deinen Schatten
auch deine Schmach

Sterne I

Immer brennt mir
ein Stern im Aug
Verlöscht er
ist ein andrer
auf die Netzhaut gespannt

Die Feuer werden nicht alle

Funkelnd
im Schlaf
mein Erzfeind kam
der ersehnte

Wir sprachen
mit gespitzten Lippen

Ich fragte:
warum so spät
Seine Antwort
– ein scharfer Stern –
stach einen andern aus
in meinem Aug

Taufe

Die Mauer gegenüber
mürrisch verraucht
Aus einem Fenster
drückt ein Gesicht sich
ins Licht
lächelt erlischt

Die Straße wird anonym
Der Regen tauft sie
Vielleicht kommt auch
der Geist

Einer singt
besoffen natürlich
wer sonst singt
am hellichten Tag
in New York

Wir sind sachlich
Aber ein Seitensprung
in den Traum aus Alkohol
wir verstehns

Wieder tauft der Regen
die Straße
Vielleicht

Auch das Verborgene

Auch das Verborgene
hat ein Gesicht
Du siehst nur den
Wangenrand verstrickt in
den Gang der Räder

Dein Blick ist
dem Auge fremd

Rück ins Gesichtsfeld
der Lippe
sie sammelt die Stimmen
Das Verborgene
bewegt sich
im Innern des Atoms
In seiner Flamme
baden die Wasser
sich dicht
Auch das Verborgene
hat ein Gesicht

Vom ersten bis zum letzten

Die Stunde verebbt
an der Küste der Zeit
aber ihr Geist
aus Zeitlosigkeit
bleibt

Bleibt
im unergründlichen Leib
des Weltalls
dessen zahllose Zeiten
Schleier sind
haupt- und nebenfarbne

Immer schlingen sie
einen bleibenden Schimmer
wie einen Ring
um den Baum der Erde
Seine Äste
reichen vom ersten
bis zum letzten Ding

Rückkehr I

Über dürren Decken
aus Stroh und Gestrüpp
knistert wieder
der Sterne unverletzter Glanz
Durch Ritzen hölzerner Welten
tropft der Sprühregen ihrer Strahlen
auf Dunkelgärten
und Stoppelfelder

Nachtblüten öffnen Safranlippen
und reden auferstandnen Duft
ins Ohr der Luft
ins Lauschen der Betrübten
und Ungeliebten
Die Poren der erkrankten Träume schlürfen
den Heiltrank aus umsternten Kelchen
das aromatische Geflüster
verschwisterter Regionen

Und jedes Du hat wieder ein Gesicht

Augen I

Augen
– Lichtlippen –
ungehorsam dem Gesicht

Das eine spricht JA
das andere NEIN
Fatum im Blick

Ein Meteor stürzt zurück
in Iristiefe
als riefe ein Stern
Sieh – hier bin ich
bei dir ist mir gut
einen Augenblick

Cezanne im Central Park

In der Mitte der Metropole
meilenlanger Smaragd
im Ring der Wolkenkratzer

Die alten Muster
durchleuchtet
vom Röntgenaug Cezannes
Architektur der Stämme und Steine
transparente Körper
Dichtes Dickicht durchdringt sich
Fels in Fels
Grün in Grün
in Manhattans Juwel

Seht
das Konkrete abstrakt
das Abstrakte konkret

Reisen I

Reisen
ins Ringelspiel
Spiel der Ringe
du und ich
führen Krieg

Reisen
um sich in Stücke
zu zerreißen
da zu sein überall
wo sie nicht sind

Reisen
Leben zu beschleunigen
den Tod
aus dem Geleise zu schieben

ins Land jenseits
des Jenseits

Das Jenseits zu verschieben
ins Später ins Späteste

reisen

Die Stille

Wenn du in einer
Welt aus Lauten lebst
    die eines Tages verstummen
    Räder still stehn
    Aeroplane nicht mehr dröhnen

steht sie plötzlich vor dir
Engelin aus Kristall
    aber nicht stumm
    denn die Stille
    hat eine Stimme

Schleier

Die Sonne verschiebt
die Schleier der Dinge
Sichtbar wird
was uns liebt
uns nicht kennt
aber sich uns gibt
Sichtbar wird
was wir sind
ein Wind
der die Schleier verschiebt

Das Parfum

Kann es sich nicht begeben
daß ein Parfum
von tausend Blüten
eine Essenz ergibt
deren Aroma alles ändert

daß
was unmöglich schien
durch Retorten getrieben
in ein Geheimnis tritt
eine Tür sich öffnet

zur Menschenliebe
duftend verteilt
an feindliche Kontinente

Werbung

Sonnenblume
Abgesandte der Sonne
willkommen

Auch du
Mondrose
schimmernder Kelch

Sternsträuße
fünfblättriges Lichtlaub
wer ist euch gewachsen
Wir dunkles Distelvolk
werben
um eure Gunst

Wir überstehn I

Spielen Violinaugen
ein Spiritual
oder tickt dein Blut
an meine Haut

Tolle Luziferzeit
hinter verriegeltem Stern
im rostigen Reich
voll Stacheldraht
wo Flocken himmlischer Vögel hängen
so viel Metall zwischen uns

Unsere Konstellation
ist die präzise Figur
zweier Feuer
Wir überstehn sogar
die Rosengefahr
und die schreckliche Übung
der Harmonie

Der Graue

Der Tod träumt in mir
sein graues Leben
Aber ich bin noch
rot und blau und grün
in ihm
Muß noch Wälder verwalten
Zeichen entziffern
Himmel in Atem halten

Er ist immer mit dabei
groß und grau
will alles Rot und Grün und Blau
grau machen in mir

Ich trete ihm entgegen und sage
Der Wald klingt nicht
der Himmel ist blaß
die Sterne sind versiegelt
Ich habe viel zu tun
sag ich ihm

Der Graue träumt sich aus mir
hinaus in die Wolke
Sie verwandelt sich in
flüssiges Silber
um mich
Plötzlich steht ein Regenbogen
zwischen ihm und mir

Zauberer

Die Post
bringt täglich
neue Zauberer
Man muß sich hüten
einen Brief zu öffnen

Im Nachbarhaus
sind alle schon verwandelt
in nützliche Geräte
Staubsauger Kühlschrank Bügelbrett

Ich halte mich
an meinen Spiegel
er kennt mich
er erkennt mich noch

Im Tanzsaal
die Marionetten
sind aufgezogen
die Federn summen
Dreieck und Quadrat

Drei Worte täglich
ach die Wahl fällt schwer

Zum siderischen Punkt

Karpatenschnur
am Kinderhals
ein Milligramm Himmel
Serpentinen umringeln
den Gipfelstern
im Aug
Jede Biegung knüpft die Schnur
fester an den Fixstern
Die Spiralenspur
ist ein Magnet
aus ehernen Nullen
hin zur Nadelspitze
im Blut
zum siderischen Punkt

Der Name

Ein Name
ohne Lettern
ohne Gestalt
zu lesen von innen
nach rückwärts
nach unten
nach oben
nach allen Richtungen

Wie ihn gestalten
wie ihn verwalten
wie ihn weitergeben
an alle Namen
die Atome und Elektronen
von ihm bekommen
wie ihn verlautbaren
in welches Licht ihn rücken
wie ihn schützen
wie ihn besitzen

wie ihn beginnen
wie ihn beenden
wann wo wie

Der Zeiger macht einen Schritt

Der Zeiger macht einen Schritt
Schatten bemühen sich
den Horizont zu erreichen
Die Sonne wehrt sie nicht ab

Ein paar verirrte Wolken
stehn ratlos um das
erblindende Licht
Die Luft ist passiv

Zwischen Stäben

Zwischen Stäben aus Chrom
gestreiftes Gesicht
müde und grün

Stahlwurzeln
fesseln die Ferse
der Canyon schwebt über ihr
das Kabel der Kran

Ein Haus ums andere
stürzt auf die Stirn
sie trägt den Schutt
in den Falten

Handanalyse

An der Mündung des Herzlaufs
voll der Mond
du liebst

Daneben kräftig gezogen
die Parallele
vertrau deinem Denken

Das große und kleine Dreieck
zähl deine Münzen
zähl dich dazu

Am Venusberg
Verästelungen
des Schmerzgestrüpps

Der Lebensstrom
ausholend nach außen
immer dünner
du siehst
wo er versiegt
Die Zigeunerin deutet
Geh dem schwarzen Mann
aus dem Weg
Er wartet beim Fadenkreuz
hier

Aber wisse: du lebst

Herbstverse

Im wunden Wald
wo die Vögel schweigen
weil der Wind zu laut spricht
und der Hagel
alles Laub durchlocht
und die Nester leer sind
und die Vögel schweigen
im kalten Wald
und das grüne Blut gerinnt
und der Regen macht
auch das Moosherz matt
und die Vögel schweigen
im wunden Wald

Keine Lücke blieb
im kalten Wald
nur das Schweigen widerhallt
in leeren Nestern
wo der Wind zu laut spricht
viel zu laut spricht
und die Vögel schweigen
im wunden Wald

Im See der Sonne

Der Morgen tritt in den Raum
der Erwartung
einer Erneuerung oder
eines verkörperten Glücks
Das Licht liebt die Begeisterung
steigert die Sehnsucht zu Ungeduld
Plötzlich erstrahlt
das abgedroschene Bild der Straße
im See der Sonne
und der Moment
ist ein persönlicher Raum

Jenseits der Regenländer

Jenseits der Regenländer
lebt die erlauchte Fee
in der sich alle Mütter
bergen

Aber die Waisen wohnen
im ewigen Wolkenland
dem Kontinent der Kinder
die keinen Geburtstag feiern

Das Grau hat viele Eingänge
– ein Labyrinth ohne Rang –
hat zahllose nasse Gänge
die keinen Ausgang haben

Jenseits der Regenländer
wären die Waisen zu Haus
hätte die Fee den Schlüssel
nicht verloren

Glauben

Wir beten zum Berg
um Glauben

Er zeigt sich bereit
uns zu dienen

Auf dem Gipfel
hißt er die
Sonnenflagge WILLKOMMEN

Hände und Knie zerschrunden
wir erklimmen die
höckrige Luft

In Steinstiefeln
er kommt uns entgegen

Wir nehmen uns
ins Gebet
es wird glücken

Da schlägt der Adlerschrei
uns das Amen
vom Mund

Halt dich fest

Halt dich fest
an einem Zipfel der Erde
Sie spielt mir dir
Aufgang
Untergang
Sie spielt mit dir
dein Stückchen Leben

An ihrem Kleid klebtest du
als Kind
An ihrem Mund
war dein Sommer rot
An ihrer Brust träumtest du
Weltaufgang

Jetzt spielt sie mit dir
Weltuntergang
Halt dich fest
an einem Haar –
sie spielt mit dir
keinen zweiten
Weltaufgang

Leitmotiv

Die Taube klopft ans Fenster
Der Mann mit dem Messer
steht neben mir
Ich lasse sie nicht herein
Verstohlen streu ich
die Körner

Die Küche summt
in tanzenden Töpfen
Aus meinen Augen
rieselt Salz auf die Zwiebel
Die Samen des grünen Pfeffers
ertrinken im Tomatenblut

Der Muttergeist
lüftet die Deckel

Die Taube
ist in ihr Schicksal geflogen
Rote Flecken halten den Himmel wach
über Drähte die sich drehn
mit der Erde –

als schlüge ein Herz
in jedem Draht
ein Leitmotiv
das verwundet

Matrosen

Schnee dezembert
im Hafen Manhattan
Schiffe europabereift
durchschneiden die Schleier
Die Anker fallen

Matrosen
die blauen Heimatlosen
umwerben die Welt

Land um Land
legt an
an Manhattans schlanker Gestalt
Matrosen
die blauen Heimatlosen
ein paar Tage hier
tannenverbrämt
dezemberdaheim

bis das runde Spiel
wieder beginnt
Marseille die nächste
Heimatlosigkeit

Mittagstraum

Die Nordostbrise
singt die Ballade von der
grünen Auferstehung
Steinchen im Asphalt
erneuern ihr Leuchten
in der Aprilsonne

Wir träumen
auf den Bänken unsre
Mittagspause zu Ende
Minutenkurz schlummern wir
im Traumschloß
auf der Urweltreise
oder im Mutterarm

Wenn wir die Lider öffnen
blicken wir in die Glitzeraugen
des Pflasters
Die Statue of Liberty
meilenklein
winkt uns zu ihr seid frei frei
Eins ruft die Turmuhr
ihr Finger droht
sputet euch
der Traum ist aus

Empire State Building

Der Stahlrippenadler
erobert
das Vogelschaufeld

Sechzehntausend Seelen
im Wolkennest
überm Ameisenhaufen Manhattan
fängt alles auf
was unter ihm ragt und sich regt

Weißer Möwentanz
um Spielzeugschiffe
Wimpel aus Wind

Schwarzzauberschwerter
schneiden in Streifen
die Sicht
Querschnitt
schattenscharf
durch unser Herz

Fremde I

Sterne
im Andrang des Dunkels
Falken auf der
Schulter der Nacht

Lust der Jagd
Der Mond
verheimlicht es
mit verschwiegenem Licht

Möwen I

Die Reede verödet
nur ein paar Möwen
beleben die Luft

Hier hat das
Schiff geschlafen
die Meere geträumt
Indien und den Orient

Rot stand Orion
über den keuchenden Masten
Keiner im Schiff
ward verschont

Nur ein paar Möwen
geben den Trümmern
letztes Geleit

Mondweh

Sichelmond
Die Ziehharmonika schneidet
die Luft in Stücke

Hinter meinem Schlaf
liegt der Hund
im Hof
hat Mondweh und
Harmonikaschmerz

Werd grad schiefer Mond
weint er
ich bin dein Ästhet

Nachbarn

Namenlose Gesichter

Im Augenspiegel
die Länder
dunkel und warm
von Südsonne

Vokale
mit Rosen verwoben
im weichen Akzent

Lächelt euch zu
sucht die gültige Geste
die wortlos berührbare Stelle
im gemeinsamen Hier

Morgen

Du erwachst
Es ist Tag
Er duftet nach
verschollenem Glanz
Von den Türmen New Yorks
knattern die Fahnen der Frühe

Deine Augen schlagen
quadratische Dächer
ins frisch gewaschene
Sonnenhaar

Sirenen
Sie rufen
zum Aufbruch der Schatten
Ein Keil von Aeroplanen
schlitzt das
blendende Blau auf

Nebel I

Im Nebelhemd
die Sonne
orangengrau

Sirenen
schneiden die Luft
in Streifen
Bewegungen
ändern den Kurs

Die Gedanken der Natur
dehnen sich über die Dächer

Überall
stößt man auf Kulissen
wenn man den Gedanken
folgen will

Nebel II

Ehe der Traum
Vergangenes und Heutiges zurechtrückt
das Gesicht der Sonne
sichtbar wird am Horizont
fahren Sirenen uns in die Ohren
mit Klagegeschrei

Gassen verlieren ihre Umrisse
Länder verlieren die Grenzen

Der Nebel kennt keine Grenzen
Und die Sirenen
wo sind ihre betörenden beschwörenden Stimmen
Heulende Weiber
treiben sie uns aus dem Traum
in die nebelgewebte unwirkliche Welt
wo Schiffe scheitern
Radar versagt
die Menschen sich in den Haaren liegen

Da hilft keine Sonne
keine Sirene
beschwört und betört den Nebel
Umsonst geht der
zusammengewürfelte
Traum in Trümmer

Neue Dimensionen

Lauter das Oval
das Auge sternfarben
Stimme die ins Staunen ruft

Laß mich das veraltete Wort
aussprechen
Liebreiz
Neue Dimensionen
gruppieren sich
um den Ton

Härter ist heute
die Sprache
in Stahl gefaßt
aber auf den zwei Linien
rotgewellt
stehn die Lettern
LIEB – REIZ
unverbraucht

Papier I

Länder aus Papier
Die Welt wird
dokumentarisch beglaubigt

Wir schreiben uns wund
Legitimier deinen Atem
schwarz auf weiß

Papiergewordner Wald
Es regnet Rechnungen
Zertifikate Zeitungen
Passierscheine Papierscheine
Scheine
ein Sintmeer

Die Arche wo

Sanskrit

Nimm den Hut ab
Die Eleganz des Gartens
heischt einfache Kleidung

Die Algenbäume deines Bewußtseins
vervielfältigen sich
In deinen Wimpern grünt
eine heidnische Zeit

Ein Rot
macht sich selbständig
im allgliedrigen Grün:
eine Lippe
die aus dem Ohr
das Lauschen schöpft
Der Wurzeln Sanskrit
steigt in deine
Muttersprache

Schneesturm II

Augenlos die Gesichter
im Schneesturm
Sternnadeln
tätowieren unheimliche Zeichen
in die Haut
Auf den Stirnen flimmert
das Wappen des Windes

Die Stadt fliegt in den Norden

Lautlos verhallen deine Schritte
Du wirfst keinen Schatten
Du bist eine weiße Bewegung
im Sturmnetz der Himmelsspinne

Du fliegst mit der Stadt
in den Norden

Die Tauben

Engel schlummern in ihnen
Längst haben sie
ihre Mission erfüllt
Briefe befördert
Frieden verkündet

Gott hat sie wohl
im Schlaf erschaffen
in einem Traum ihre Gestalt erfunden
ein zartes Poem pastellbefiedert
mit rotem Ring um den Augenkreis

Schuldlos
unter Menschen geraten
ihrer Liebe preisgegeben

Längst ist der Engel
schlafen gegangen
in ihren Federn
Ihre Seele schwebt über Noah
Ihr Fleisch hungert nach Mais

Sonne I

Sicher daß ihr gelingt
den Lichtleib im
Gleichgewicht zu halten
ohne ein Jota Glücks
zu verlieren

In ihrem Atem
auch du bewegst dich
mit einem gewissen Grad von
Gelassenheit
im Vertraun auf ihre
Kraft die sich
nie irrt

Amsterdam im Oktober

In grüner Gracht
dein Gesicht
von zierlichen Giebeln
umrahmt

Der Himmel
ein grauer Gigant
schläft im Schiff

Geschlossen
das Tor zur Tulpe
Komm wieder im Mai

Musik des Motors
Das Mädchen bietet dir
an Amsterdam

Vermeerblau
Jahrhunderte schauen
zum Fenster hinaus

Kein Rahmen hemmt
Schatten und
Rembrandtlicht

Ewig atmet das Antlitz

An eine Schlafpille

In Stunden zerstückelte Zeit
hält uns in Atem
Tat und Tabu
wirft uns ins Nachtnetz und
Gestirne mit geometrischen Zungen
beschwören fremde Formeln
Schlangen heben flache Köpfe
über dem Kissen
hinter der Wand rascheln Ratten
der Erinnerung

Schlaf
Schein aus Schwere und Flug
Raum und Ruh
wie werbe ich um dich
wie erwerbe ich dich
regelmäßiger Besitz

In Retorten gekochtes
Gift und Vergessen
eine Stunde Nichts
eine Stunde Dreizeit
eine Stunde Überall
gesegnet seist du
Traumkompagnon
chemischer Schlaf

Steinbruch November

Federn mit gebrochenem Genick
auf dem Rücken des Winds

Er huldigt keinem Gesang
er zerstückelt die Stimmen
und bläst sie auseinander

mit seiner Braut
braust er
inbrünstige Dialoge
von Wirbel zu Wirbel

Er atmet
Sommer ein
Herbst aus

Schmiede dir
Schuhe aus Stahl:
es geht in den Steinbruch
November

Verregnete Abreise

Mit geröteten Wangen
die Abreise steht vor der Tür

Tasche Koffer Schirm
rufen mir Eilworte zu

Am Himmel
Spott oder Drohung
Wolke wirft Wasser
in meine Erwartung

Ich höre das Herz der
Lokomotive in jedem
Gepäckstück pochen

höre die Wartenden jenseits
der Reise nach meinem
Namen fragen

Ich weiß ihn nicht mehr –
Regen schwemmte ihn weg

Verschiebung

Dein Gesicht
verschiebt sich
von Stern zu Stern

Runzeln raunen
Erinnerung:
das verschobene Einst

In deinen Adern
gehn Ahnen um
mit der Scheu von Toten

Von Mensch zu Mensch
verschiebt sich
der Lauf
deines Bluts

Auferstandener Sohn

Die Musik der Blüte
tönt auf
Der Ton ist Güte
weiß und grün
Nicht ein Chamäleon
mit erborgten Farben
nein eine selbständige Person
von sicherer Färbung
und Eigenheit
April
auferstandener Sohn
                    der Zeit

Verse in Weiß

Über das weiße Blatt
die Feder fegt
Januar uns mit
Schnee beschlägt

Schon weggeschmolzen
Frische Weiß-Schalmei
Flieder wiederweiß
im Wiedermai

Der Schleier weiß
für Nonne und für Braut
Weißes Leichentuch
um Totenhaut

Der Schrei im Schnee erstickt
der Eispfeil traf
Ein weißer Engel schwebt
von Schlaf zu Schlaf

Die Taube weiß und glatt
vielleicht im Traum
bringt sie ein Ölblatt
in den Dunkelraum

Bilder
»Du sollst dir kein Abbild machen«

Durch Bilder gehn
immer

Gefangene Abbilder
in Museumskäfigen
ewige Augen
Landschaften
hinter gemalten Farben

Farbe im Bildergespinst
du bist
hier und im Hintergrund
Kristalle aus Luft
lösen es auf
verdoppeln
sieh es im Spiegel
mach dir ein Abbild
wer bist du
hier und
im Hintergrund

Computerlyrik

Lyrik
schüttle die Wörter
im Kaleidoskop

Aus der Hirnmaschine
quillt das Poem
buchstabentreu

Zufallsmetaphern
die grauslige
Costne-
Hölderlin-
Litanei

Drei Wörter
ein halbes Dutzend Gedichte
im Uhrwerk
jedes
zeigt die Zeit an

Silbensoldaten
schlachten
die Liebe
zum Wort und
Wortgefecht

Lyrik
dahin
ist es gekommen

Reisen II

Täglich
verwandelt

Die Gesterngasse schwand
Anders die Häuser heute geschichtet
Menschen führen fremde Worte
im Mund

Ein Geleise verläßt dich
eins kommt auf dich zu
heißt dich willkommen

Eine Stadt geht schlafen
Eine andre steht auf
im verzauberten Augenraum

Du füllst die Koffer
mit Namen

Das Mosaik

Aus meinen Einsamkeiten
bild ich ein Mosaik
von allen Einzelheiten
die ich mir selbst verschwieg

Es sollt ein Fenster werden
in einer Tempelwand
Zu scharf sind meine Scherben
zu heftig meine Hand

Ich brauche eine Fläche
die sich so neigt so dehnt
daß meine ganze Schwäche
sich sicher an sie lehnt

Es fielen viele Zeiten
seitdem mir in den Schoß
und meine Einsamkeiten
wuchsen und wurden groß

So groß daß keine Seite
der Erde mir genügt
denn eines Weltraums Weite
umfaßt mein Mosaik

Wieder I

Kommt wieder
die unerwartete Landschaft
von Träumen gesäubert
hält noch die Reste zusammen
Krater Felsen Zypressen
das umgestülpte Janusgesicht
von trocknen Mimosen umsäumt

Lorbeer
zäher Gesell
welches Haupt
staubüberstanden
adelst du heut

Die grüne Uhr
ist verkauft
Im neuen Gehäuse
die Stunden
mit grauen Lippen plappern
unermüdlich
die Litanei: wieder wieder

Wieder
auch die Erleuchtung
Sie ists
ambivalente Erscheinung
Füße aus Schatten
Wangen aus Glanz

Frag nicht
sagt sie
Ich bin
Du bist

Deine geatmete Welt

Deine geatmete Welt
Struktur der Stadt
Laubpanorama
die luxuriöse Hand
Gulliverstraßen bauend
von Ufer zu Ufer
alle Wege führen zum Meer

Rechts und links
deine schwimmende Heimat
Kontinente
im Puls explodiert
wenn an gewissen Stationen
der Pfiff ertönt
du gehörst uns
              uns
                    uns
und die gefürchteten Fronten
sich in deinen Adern
verwirren

Der Dom

Ich habe einen Dom geerbt
Ich kann nicht beten
Ich stammle Blume Waldruh Wolkenstern
ich stammle Mutter Meermund du und du

Meine Gebete sind mir nicht geglückt

Wo dein sanfter Flügel

Weh wenn Kinder aufhören
Kinder zu sein
sich gebärden als hätten sie
vollen Verstand

Zu Kriegern erkorene Kinder
Sie lieben die Neunte Natur und
den Vormarsch sie singen
Sterben und Sterbenlassen
wo dein sanfter Flügel weilt

Nicht das
STIRB UND WERDE

Zäune des Abends

Die Zäune des Abends
ziehen meerblaue Blusen an
und ritzen sich Licht ins Gewebe
denn es wendet sich ab
die Lampe am Horizont
und frierende Vögel
wärmen die Lieder im Nest

Zwittergestalten
halten die Umrisse der Häuser
auf den Schultern
wie Falken
es geht auf die Jagd
der flüchtenden Stunden

Der Herzpendel schwingt
von Pol zu Pol
wachgehalten
von der Quecksilberquelle
unter den wuchernden Wurzeln

Zwei Schatten

Als der Abend
die Allee betrat
saßen sie auf der Bank
ein Schatten

Der Mond
fiel auf ihre Lippen
schnitt den Schatten
entzwei

Zwei Schatten
wortlos
Das Licht
tat weh
Die Allee
wurde länger
die Nacht schrumpfte ein

Der Löwenzahn

Die weiße Kugel
des Löwenzahns
hat winzige Zähne
aus Hauch

Vielfach versponnen
locker geschlossen
die spinnfeinen Fäden
bleiben beisammen
in ihrem duftigen Bau
aus Fühlern Ordnung und Luft

Wenn nicht der Wind
in sie fährt
bleibt die
empfindlichste Blume
unvermehrt

Der Mond I

Der Mond
eingeschlummert im
Glück der Nacht

träumt auf
meinen Wangen

Zurück I

Hermetische Blumen
Die Knochen der Stadt
sind versteint

Wir tasten uns
behutsam den Sonntag entlang
Hinter Antennen erblindet Glanz
Chinatown
ein Fächer öffnet
Jahrtausende

Wie atmest du Licht ein
unter den Schichten
der Ebenbilder

Einen Mühlstein aus Angst
um den Hals
es geht zurück
in die Tiefe

Muttermuscheln
das Meer im Arm
stillen den Strand
mit Erinnerung

Geadelt

Geadelt
wie kein andrer Mythos
Abend
der die Gestirne anstimmt
und das Märchen vom Mond
erzählt

Wiedersehen mit dem Wiener Wald

Waren wir Feinde
als der Friede schlief

Träumtest du mich
wie ich dich
wurzeltief

Ein Vogel rief
Ich kam zurück

Wirbst du mich
junigrün
Erlkönig Wald

In deine Wurzeln verstrickt
ich bin eine
Astgestalt

Verwandelst
mein Fühlen mein Denken
meinen Atem grün

Vor lauter Bäumen
seh ich mich nicht

Vor lauter Vögeln
hör ich mich nicht

Sind wir Freunde
Erlkönig Wald
Kennst du mich
wie ich dich
wurzeltief

Wer von Schilda kommt

Wer von Schilda kommt
hat keinen Paß
Die Grenzen sind bewacht
von Menschen aus Papier
Fremdling was suchst du hier

Rund ist der Mond
in unserer Stadt
jeder darf ihn tragen als Hut
steht jedem gut

Unser Schnee ist ohne Spur
keiner rührt ihn an nur
die Sonne wenn's ihr paßt
ist sie bei uns zu Gast

Was ist GRENZE und wofür
Welcher Mond wohnt hier

Wer zu uns von Schilda kommt
muß einen Degen überqueren
namenlosen Menschen aus Papier
zu Willen sein und lernen
daß der Mond ein Kraterhut
der Nacht und daß es gut
ist fremd zu sein bei uns

Weihnacht

Die Stadt badet im Schnee
Der Kranz grünt
auf der verriegelten Tür

Das Christkind bittet
um Einlaß
denn es ist kalt
in der Stadt im Land in der Welt
aus Schnee und Weihrauch

Josef

Der weise
Jakob
war nicht klug
ließ nähen ein Kleid
aus Regenbogen
für seinen Lieblingssohn

Das Gewand
blendete die Brüder
entzündete ihr Blut
brannte ein schwarzes
Loch in ihr Haus
Sie wurden einig
den Regenbogen auszulöschen
in der steinernen Grube

Der Schöne in der Grube
war auch ohne
Farbenkleid schön
Er leuchtete
erleuchtete den Händler
ihn mitzunehmen
ins Ägyptenland

Josef entfaltete sich
Licht um Licht
erlitt sein Licht
reichte seinen
Glanz weiter
Berührung Fall
Weissagung Aufstieg
Herrschaft Umsicht Liebe

Not und Brot
Das Land war groß
die sieben
mageren Jahre lang
Josef hielt
Ägypten in der Hand
verteilte die sieben
fetten Jahre
an alle

Alle kamen
auch die Zehn
Und Jakob kam
weise unwissend
Josef gab
gab sich
gab sich zu erkennen

Über Ägypten
hing
ein Regenbogen

Roter Mond

Gestern nacht
als wieder der
Schlaf mich verließ
warf ich ein
Messer ihm nach
und traf dem
Mond ins Herz

Er blutet
für meinen
Traum

Zikaden

Sensensang
der Zikaden
unerbittliche Wiederholung
Melancholie

Die Mauer ist
ein Zikadenstaat
Seiner Bürger
Trauer
ist unser Trost
auch Eintönigkeit
hat einen Ton

wie Zeit
die unsre Stunden
zersägt
zu Musik

Trauerspiele

In den Abgrund sinken
abgelegte Epochen

Blutende Wolken begleiten
das tägliche Trauerspiel der Sonne

Hunde bellen den Mond an
Der Mensch schreit ELI ELI

Nachwort

In der einstigen Bukowina geboren, den deutschen Besatzern entronnen, vor den russischen geflohen, drängt es die in New York fremd gebliebene, an die deutsche Sprache gebundene Rose Ausländer zurück in den deutschen Sprachraum. 1957 fuhr sie zum ersten Mal wieder nach Europa, 1963 ein zweites Mal. Sie besucht bei ihrer zweiten Rückreise auch den Staat Israel. 1964 verläßt sie New York; im Juni trifft sie in der ehemaligen Hauptstadt ihres Geburtslandes, in Wien, ein. Seit Sommer 1965 in Düsseldorf ansässig, findet sie 1972 Bleibe im Nelly-Sachs-Altersheim in Düsseldorf. Der lyrische Sprechton und das lyrische Bewußtsein der Autorin haben sich in diesen Jahren verändert. Sie hat ihre eigene Sprache, den ihr allein zugehörigen poetischen Ausdruck gefunden. Die Gedichte 1957–1965 zeigen die ganz persönliche, individuelle Sprechrichtung, den seelischen Grund, die erste ausgreifende und konzentrierte Summe ihres lyrischen Bewußtseins. Die nunmehr sechzigjährige, immer noch unbekannte Lyrikerin trat in den deutschen Sprachraum ein.
Bei ihrer ersten Rückreise hatte Rose Ausländer in Paris ihren Landsmann aus Czernowitz Paul Antschel, jetzt Paul Celan, besucht. Sie zeigte ihm einige ihrer metrischen, überwiegend jambisch geschriebenen Reimgedichte. Die beiderseitige Befremdung war beträchtlich. Mit vier metrisch gereimten Gedichten beginnt der Band *Die Musik ist zerbrochen*. Da reimen sich »Schaum« auf »Traum«, »Bäume« auf »Träume«, »Sagentum« auf »Ruhm«, »Weihrauchwogen« auf »Synagogen«, »Wald« auf »Aufenthalt«. Trotz des Anklangs ist es nicht Eichendorffs Wald, sondern die Waldlust des amerikanischen Volksdichters Robert Frost (1874–1963), dessen einfache, naturverbundene Verse Rose Ausländer liebte.
Celans reimlose Verse, seine fremden Wortfügungen, die strenge Spracharbeit, das Dunkle verstörten die Besuche-

rin, die in New York ums bürgerliche Überleben kämpfen mußte und nichts von der Entwicklung und den Veränderungen der neueren deutschen Lyrik erfahren hatte. Rilke und Karl Kraus, die Rose Ausländer einmal aufgenommen hatte, waren längst entschwunden. Die aus der amerikanischen in die europäische Fremde Zurückgekehrte begriff rasch. Sie begann reimlos und freirhythmisch, sogar im Parlando-Ton zu schreiben. In Alliterationen und Assonanzen versuchte sie, die melodische Wärme des Klangs zu bewahren, vor allem aber in ihren Bildern die Seele des Gedichts. Sie verkürzt den Satz, verfremdet die Fügung, bricht den Vers, sperrt den im Satz fließenden Rhythmus. In den Bildern gewinnt sie eine neue metaphorische Freiheit. Gegenwärtige poetische Anschauung verbindet sich rückwärts mit Erinnerung, poetische Bewußtseinsarbeit künftig mit dem Traum. Zeit verdichtet sich in andenkende Dauer. Sinnliche Konkretion transzendiert mit mystischen Bildern auf Erahnbares, auf Vorstellbares mit assoziativen Sprüngen. Chiffren markieren gewonnene Verdichtungen. Das individuelle sprachliche Wortfeld, Bilder, die im Märchen- und Mythengrund waten, eine ins religiös Mystische ausgreifende prophetische Rede erschaffen sich Ausdruck. Ohne Argumentation, ohne intellektuelle Vorzeigearbeit teilen sich ihre Bilder dem sympathiewilligen, einfühlungsfähigen Leser mit.
Expressionistischer Untergrund wird sprachlich vernehmbar. Expressionistische Geist-Energie durchdringt alle Bereiche der Wahrnehmung und des formalen Ausdrucks. »Aber der Geist will / hinauf und hinunter / hinaus und hinein / in alle innersten Reiche.« Aus der Glut des aus jeglicher Starre sich befreienden, befreiten Herzens springt noch einmal kosmischer Funkenflug. Die Sprecherin der Erde weiß sich Himmlischem, die Sprecherin der Menschen Oberirdischem, Sonne, Mond und Sternen verbunden. In der »Keinezeit keinezeit keinezeit«-Stadt, im babylonischen New York hat ihr »der Sabbath« die Zeit als Gegenwart, als ruhig kommunizierendes Hiersein ge-

öffnet: »Ich bin ein belichteter Punkt / im Kosmos der Sabbathruhe.«
Nicht nur die Sabbathruhe (Heinrich Heines »Prinzessin Sabbath«), auch der kosmische Auf- und Ausblick ist in der Lyrik ihrer männlichen Kollegen zu jener Zeit gänzlich verschwunden. Einzige Ausnahme: der noch vom chassidischen Mantel gestreifte Paul Celan. Bei bedeutenden Lyrikerinnen – bei der späten Nelly Sachs, bei der generationsjüngeren Ingeborg Bachmann, der archaisch sybillinisch sprechenden Christine Lavant – ging der sich öffnende Blick auf das vorstellbare Ganze der Welt nicht verloren. Man kann von einem weltpsychisch konzentrierten Bewußtsein in der Seele der Dichterin(nen) sprechen. Merkwürdig, daß Rose Ausländer, Christine Lavant und Ingeborg Bachmann alle aus dem österreichischen Sprachraum stammen, daß die Berlinerin Nelly Sachs im schwedischen Exil den mütterlichen Urgrund des Lebens entdeckte. Denn dies ist bei Rose Ausländer deutlich: Die unteren und die oberen Gründe, die inneren und jeder heimatliche Grund sind mütterlich. »Brunnenmutter«, »Muttersonne«, »Mutterduft«, »Muttergeist«, alle diese emphatischen Zusammensetzungen stehen in den Gedichten. *Heimat*, wenn überhaupt, ist *Mutterland*.
Seit ihr die Mutter als Person und das Mutterland am Pruth in der Bukowina genommen wurden, ist ihr die Welt fremd geworden. Urtümlich, vor- und überrational werden bei Rose Ausländer Mutter und Heimat gleichgesetzt. Mutterland ist »das vorgekannte Land«. Eine heimatliche Welt trüge mütterliches Antlitz.
In ihrem Gedicht *Heimat I* stößt Rose Ausländer bedenklich nahe an die *Nachtgedanken* Heinrich Heines. Heine schrieb sein Sehnsuchtsgedicht in Paris, Ausländer in New York. Über hundert Jahre liegen zwischen den *Nachtgedanken* und *Heimat I*. Heine war vor dem deutschen Fürstenstaat in die republikanische »Freiheit« geflohen, Ausländer vor der sowjetischen Diktatur. Erzwungene Fremde bei dem Düsseldorfer Juden, bei der Czernowitzer

Jüdin. *Heimat I* beginnt: »Dieser herbe Rausch der Fremde / fremder Heimat ohne Ende / hält mich immerfort in Atem.« Heine eröffnet sein Nachtgedicht mit dem sehnsuchtsvollen Andenken an die Mutter in Deutschland. Rose Ausländer beendet ihr Gedicht über die real anwesende Fremde und die real abwesende Heimat mit dem Andenken an die Mutter. Heine bricht sein sentimentales Pathos am Ende ironisch. Mit dem herannahenden Morgen bricht »französisch heitres Tageslicht« in die Kammer. Er kontrastiert die romantischen Gefühle mit einer dialektischen Pointe. Ironische Brechung im Gedicht liegt Ausländer fern. Innig, fast gebethaft schließt sie ihr Gedicht: »Meine Sehnsucht kann nicht schlafen / Träume wachen auf und haben / meiner Mutter ewige Züge / meiner Mutter sanfte Hände / eigne Heimat ohne Ende.« Nicht unähnlich Eichendorff, aber ganz anders im sprachlichen Ton und in der Erschütterung, baut sie ihr Heimatbewußtsein poetisch transzendierend auf. Ihre poetische Heimat ist ins Wort, in die Erinnerung, ins Andenken, in das metaphysische, nämlich Ort und Zeit übersteigende Bewußtsein gebaut. *Heimat*, die real verlorene und poetisch zu begründende, durchzieht als Grundmotiv das ganze Werk Rose Ausländers. Die erste Heimat war Kindheit am Pruth: geschenkt, verwurzelt, unvergessen, verloren. Die zweite Heimat ist zu begründen durch das poetische Wort, durch Erinnerung und Vorstellung, durch andenkendes Übersteigen. Sie wird gegenwärtig in gesteigerten Augenblicken. Sie ist örtlich und zeitlich entgrenzt. Getaucht in die Aura eines zugleich mythischen und kabbalistischen Glanzes liegt sie, schwebt sie, schwindet sie ins Nirgendwo. »Zwischen den Zeilen / die Schnee und Maiglöckchen schreiben / liegt das erlesene Land / Heimat alles Niegekannten / wo Wiesen grünen / und Zeit Alterslosigkeit erreicht.«

Erinnerte Heimat heißt »immer zurück zum Pruth«. Sie schließt mit der mythisch gewordenen Mutter den jüdischen Vater ein, mit ihm »Wald und Gewässer«, den

»Chassid«, den gemeinsamen »Sabbath«. »Der Jordan mündete damals in den Pruth – / magische Melodien im Wasser / Der Vater sang sie lernte und sang das / Erbe der Ahnen verwuchs mit / Wald und Gewässern.«

Aus den Gedichten spricht immer wieder die »Verbundenheit« der Sprechenden mit allem, was lebt; mit allem, was ist; mit allem, was menschliches Antlitz trägt, von menschlichen Spuren gezeichnet ist, sogar mit »diesem Zigarettenstummel / und dieser gesprungenen Teetasse«. Zu dieser – mit der Mutter symbiotisch gesteigerten – Verbundenheit gehört das uralte (in dieser Jahrhundertmitte erstaunliche, gegen Ende unseres ökologisch und bewußter gewordenen Jahrhunderts hoch aktuelle) Bewußtsein der *Metamorphosen*. »Wir erfahren / in endlosen Metamorphosen / unsere Urväter und Urmütter / Luft Fische Pflanzen / und daß unsere Brüder und Schwestern / stille Tiere sind / giftige Kreaturen / feuerspeiende Krater / träumende Steine.« Im Gedicht *Vorostern*: »Alles ist Übergang / Wir bereiten uns vor / auf den Auszug aus dem Schneereich / auf die Metamorphose der Raupen / auf das Einhorn im Wald unseres Bluts.«

Wie Rose Ausländer unerhört intensiv das »grüne« Leben beschwört, so ist ihr bereits in diesen, gewissermaßen ›mittleren‹ Gedichten, die begrenzte Zeit des Menschen, der andrängende Tod bewußt. »So oder so / ein Menschenalter / am Tod entlang.« »*Das Alter* / wächst in dir / fleischverschlingend / unersättlich / bis du ES bist / bis ES du ist / bis / das / Nichts / es verschlingt.« Kürzer, prägnanter, gelassener kann man das nicht sagen.

Man darf die erinnernde Vergegenwärtigung und die intensive Suchrichtung bei Rose Ausländer als *tellurisch* und *österlich* bezeichnen. Tellurisch: Erde, Fluß, Baum, Laub, Luft, Feuer, Licht, »der Ur-/Baum in mir / in jeder Kreatur«. Österlich: »Ostern / wo Grün sich erneuert.« Ostern aber auch als jüdische Erinnerung an den Auszug aus der Knechtschaft. »Moses uns voran / Das rote Meer / spaltet sich...« Sogar als jesuanische Erinnerung: »Die Kelche füllte er mit Wein / das Osterbrot brach er in zwölf / und feierte das Abendmahl / Dann schluckte er die Marterqual / ... Aber am dritten Tage war / er wieder jung und wunderbar / und blieb 2000 Jahre jung« (aus *Die nach Osten träumen*).

Was fasziniert die Leser an Rose Ausländers Gedichten so nachhaltig? Es ist die Glut und Gelassenheit in ihren Versen, die Herzsprache und das kosmische Bewußtsein der Autorin, ihre tapfere Vereinzelung und ihre Allverbundenheit, der furchtlos gewordene Schmerz, die Mitteilung, ja Botschaft liebender Hoffnung – nicht zuletzt die unablässige Nähe von Engeln.

Paul Konrad Kurz

Editorische Notiz

Rose Ausländer lebte in New York, als die in diesem Band gesammelten Gedichte entstanden. Von 1949 bis 1956 hatte sie nur in englischer Sprache geschrieben. Aber vom 10. bis 20. Juli 1956 nahm sie an der New Yorker *City of Writers Conference at Staten Island* im Wagner College teil und lernte hier die große amerikanische Dichterin Marianne Moore kennen. Diese war von den frühen Gedichten Rose Ausländers begeistert und bewog sie, wieder deutsch zu schreiben.

Rose Ausländer fand sehr schnell in die deutsche Sprache zurück, änderte ihren Stil radikal, verzichtete auf gebundene Form und Reim. Ihre Publikationsmöglichkeiten blieben aber minimal. So waren die in diesem Band gesammelten Gedichte unveröffentlicht, bis sie 1985 im Rahmen der Herausgabe des Gesamtwerkes von Rose Ausländer in den Band *Die Sichel mäht die / Zeit zu Heu* im S. Fischer Verlag aufgenommen wurden.

Die Datierung und damit Zuordnung der Gedichte wurde durch Adressenangaben Rose Ausländers auf den Manuskripten und entsprechende handschriftliche Hinweise der Autorin auf den Mappen, in denen ich die Texte 1981 fand, möglich. Einige wenige der Gedichte könnten bereits früher in Zeitungen publiziert worden sein, ohne daß das heute bekannt wäre. Als Einzelband liegen die Gedichte alle erstmalig mit dieser Taschenbuchausgabe vor.

Helmut Braun
Königswinter, Januar 1992

Zeittafel

1901	Rosalie Beatrice »Ruth« Scherzer wird am 11. Mai in Czernowitz/Bukowina (Österreich) geboren.
1907–1919	Schulbesuch Volksschule, Lyzeum Czernowitz und Wien.
1916–1918	Kriegsbedingter Aufenthalt in Wien.
1919	Matura in Czernowitz. Seit 1919 intensive Beschäftigung mit der Philosophie (Platon, Spinoza, Constantin Brunner). Mitglied im Ethischen Seminar in Czernowitz.
1919/1920	Studium der Literatur und der Philosophie an der Universität Czernowitz.
1920	Der Vater stirbt.
1921	Im April Auswanderung in die USA zusammen mit Ignaz Ausländer.
1921/1922	Aufenthalt in Minneapolis/St. Paul und Winona. Hilfsredakteurin bei der Zeitschrift *Westlicher Herold* und Redakteurin der Kalenderanthologie *America Herold* (bis 1927). Hier publiziert sie ihre ersten Gedichte.
1922	Ende des Jahres Übersiedlung nach New York.
1923	Bankangestellte. Am 19. Oktober Heirat mit Ignaz Ausländer.
1926	Erhalt der Staatsbürgerschaft der USA. Gründungsmitglied des Constantin-Brunner-Kreises in New York.
Ende 1926	Trennung von Ignaz Ausländer.
1927	Einmonatiger Besuch bei Constantin Brunner in Berlin.

	Acht Monate in Czernowitz zur Pflege der erkrankten Mutter. Danach Rückreise nach New York.
1930	Am 8. Mai Scheidung von Ignaz Ausländer.
1931	Anfang des Jahres Rückkehr nach Czernowitz (Rumänien) zusammen mit dem Graphologen Helios Hecht, mit dem sie in den Folgejahren zusammenlebt.
1931–1936	Gedichtpublikationen in Zeitungen, Zeitschriften, Anthologien, journalistische Tätigkeit, Übersetzungen, gibt Englisch-Unterricht.
1934	Aberkennung der amerikanischen Staatsbürgerschaft wegen dreijähriger Abwesenheit aus den USA.
1936	Trennung von Helios Hecht. In den Folgejahren überwiegender Aufenthalt in Bukarest. Arbeitet in einer Chemischen Fabrik als Fremdsprachenkorrespondentin.
1939	Reisen nach Paris und New York. *Der Regenbogen*, Rose Ausländers erste Buchpublikation, erscheint in Czernowitz.
1941–1944	SS-Truppen besetzen Czernowitz. Rose Ausländer wird im Getto der Stadt gefangengesetzt und darf nach Auflösung des Gettos die Stadt nicht verlassen. Zwangsarbeit, Todesnot, Kellerversteck. Sie lernt Paul Celan (Paul Antschel) kennen.
Frühjahr 1944	Im Frühjahr besetzen russische Truppen die Bukowina. Die jüdische Bevölkerung wird befreit. Rose Ausländer arbeitet in der Stadtbibliothek in Czernowitz.

1945	Im Dezember Ausreiseantrag nach Rumänien.
1946	Im August Ankunft in Bukarest. Im September über Marseille Ausreise nach New York.
1947	Die Mutter stirbt in Satu Mare, Rumänien.
1947–1961	Arbeit als Fremdsprachenkorrespondentin bei der Spedition Freedman & Slater, New York.
1949–1956	Rose Ausländer schreibt ihre Gedichte ausschließlich in englischer Sprache.
1957	Von Mai bis November Europareise, zeitweise mit Miriam Grossberg. Drei Treffen mit Paul Celan. Reisestationen: Rotterdam, Paris (und Frankreich), Italien, Griechenland, Spanien, Norwegen, Wien (und Österreich), Schweiz, Paris, Amsterdam.
1961	Am 8. Dezember endet krankheitsbedingt die Tätigkeit bei Freedman & Slater.
1963	Im Mai Reise nach Wien, wo der Bruder und dessen Familie aus Rumänien kommend im Flüchtlingslager eingetroffen sind.
1964	Vierwöchiger Aufenthalt in Israel. Kurze Rückkehr nach New York zur Vorbereitung der endgültigen Übersiedlung nach Wien.
1965	Übersiedlung in die BRD, nach Düsseldorf. *Blinder Sommer*, Rose Ausländers erste Buchpublikation seit 1939 erscheint in Wien.
1966	Rente und Entschädigung als Verfolgte des Naziregimes.

1966–1971		Zeit des Reisens in Europa. 1968 letztmalig für sechs Monate in den USA.
	1966	Silberner Heine-Taler des Verlages Hoffmann und Campe, Hamburg.
	1967	Droste-Preis der Stadt Meersburg. *36 Gerechte*
	1972	Endgültiger Einzug ins Nelly-Sachs-Haus, das Elternhaus der jüdischen Gemeinde in Düsseldorf. *Inventar*
	1974	*Ohne Visum*
	1975	*Andere Zeichen*
	1976	*Gesammelte Gedichte* Mit diesem Band beginnt die Zusammenarbeit mit dem Literarischen Verlag Braun, Köln. *Noch ist Raum*
	1977	Ida-Dehmel-Preis der GEDOK. Gryphius-Preis. Letzte öffentliche Lesung anläßlich der Preisverleihung. Zur Eröffnung der Ausstellung »Rose Ausländer« im Heinrich-Heine-Institut, Düsseldorf verläßt die Autorin letztmalig das Nelly-Sachs-Haus. *Doppelspiel* *Selected Poems* (London, erste Auslandsausgabe)
1978–1988		Bettlägerig.
	1978	Ehrengabe des BDI. *Aschensommer* (erstes Taschenbuch) *Mutterland* *Es bleibt noch viel zu sagen*
	1979	*Ein Stück weiter*
	1980	Roswitha-Medaille der Stadt Bad Gandersheim.

	Die Zusammenarbeit mit dem S. Fischer Verlag, Frankfurt, beginnt.
	Einverständnis
1981	*Mein Atem heißt jetzt*
	Im Atemhaus wohnen
	Einen Drachen reiten
1982	*Mein Venedig versinkt nicht*
	Südlich wartet ein wärmeres Land
1983	*So sicher atmet nur Tod*
1984	Literaturpreis der Bayerischen Akademie der schönen Künste.
	Die Herausgabe der *Gesammelten Werke* (GW) im S. Fischer Verlag beginnt.
	Hügel / aus Äther / unwiderruflich (GW Bd. 3)
	Im Aschenregen / die Spur deines Namens (GW Bd. 4)
	Ich höre das Herz / des Oleanders (GW Bd. 5)
1985	*Die Sichel mäht die / Zeit zu Heu* (GW Bd. 2)
	Die Erde war ein atlasweißes Feld (GW Bd. 1)
	Ich zähl / die Sterne meiner Worte
1986	Literaturpreis des Verbandes der Evangelischen Büchereien für *Mein Atem heißt jetzt*.
	Wieder ein Tag / aus Glut und Wind (GW Bd. 6)
1987	*Ich spiele noch*
	Der Traum / hat offene Augen
1988	Am 3. Januar stirbt Rose Ausländer in Düsseldorf im Nelly-Sachs-Haus. Sie wird auf dem jüdischen Friedhof im Nordfriedhof in Düsseldorf beerdigt.
	Und preise die kühlende / Liebe der Luft (GW Bd. 7)
1990	*Jeder Tropfen / ein Tag* (GW Bd. 8)
	Mit diesem Band liegt das Gesamtwerk Rose Ausländers vollständig vor.

Alphabetisches Verzeichnis nach Gedichttiteln

Abschrei 142
Alice in Wonderland 85
Amsterdam im Oktober 185
An eine Schlafpille 186
Auch das Verborgene 145
Auferstandener Sohn 190
Augen I (Augen/–Lichtlippen–) 148

Bilder 192
Bukowina I (Tannenberge. Grüne Geister:) 5

Cezanne im Central Park 149
Computerlyrik 193

Das Alter 96
Das Mosaik 195
Das Parfum 153
Das Tier mit den goldnen Gedärmen 81
Deine geatmete Welt 197
Der Briefträger 79
Der Brunnen I (Der Brunnen wartet die Kühle ist bereit) 77
Der Bus 106
Der Dom 198
Der Graue 156
Der letzte Vollmond 76
Der Löwenzahn 202
Der Mohn ist noch nicht rot 72
Der Mond I (Der Mond / eingeschlummert im) 203
Der Name 159
Der Pfad war verwachsen 71
Der Schatten 67
Der sie von innen her kennt 66
Der sterbende Poet 14
Der unheimliche Fremde 62
Der Ur-Baum 42
Der Zeiger macht einen Schritt 160
Des Kaisers 133
Dezember 132
Die ersten Takte 69

Die Fliege 61
Die gelbe Maske 59
Die Glocken horchen 13
Die Himmelsdinge lieben 56
Die Hoch-Zeit 55
Die Kamee 53
Die Musik ist zerbrochen 12
Die nach Osten träumen 11
Die Nacht hat 131
Die novembernen Menschen 49
Die Nymphen 70
Diese alten Häuser 10
Die Sekunde 137
Die sieben Tulpen 17
Die Stille 151
Die Tauben 183
Die vorletzte Andacht 47
Don Quixote I (Ich liebe meinen Ritter der mit Mühlen kämpft) 9
Du und dein Bild 98

Eine spurlose Hand 119
Ein Grünmitdirsein 48
Empire State Building 171
Erfahrung I (Mit der Schnecke im Schritt) 101
Erkranktes Feuer 44
Ewigewig Sommer 120

Fremde I (Sterne / im Andrang des Dunkels) 172
Froschperspektive 123

Geadelt 205
Glauben 166
Glück I (Dem eine Stunde schlägt) 99
Greis und Mädchen 95
Grün I (Wie ein Wild verfolgte ich das Grün) 41

Halbgott 89
Halt dich fest 167
Handanalyse 162
Heimat I (Dieser herbe Rausch der Fremde) 15
Herbstverse 163

Herr und Heimat   33
Hoffnung I (Wir jagen den Hirsch)   31

Im Erdrohr der Angst   30
Im See der Sonne   164
In alle innersten Reiche   26
In memoriam Elieser Steinberg   113
In memoriam Robert Frost   8
In welchem hermetischen Tal   114

Jenseits der Regenländer   165
Josef   209

Katakomben des Schlafs   115
Keinezeit I (Keinezeit keinezeit keinezeit)   24

Leidenschaft   23
Leitmotiv   168
Liebe I (Rose und Dolch / Der Ring)   112
Liebespaar im New York Central Park   22

Mädchen im Park   116
Manchmal erwachst du   19
Matrosen   169
Maya Pyramiden   88
Mensch aus Versehen   87
Mir ist der Schnee vergönnt   94
Mit allgemeinen Mienen   86
Mit dem Doppelatem   117
Mittagstraum   170
Mit vollendetem Glanz   118
Möwen I (Die Reede verödet)   173
Mondasche   121
Mondweh   174
Morgen   176
Mütter summen   84

Nachbarn   175
Nacht III (In der Nachtkrippe / schaukelt)   122
Nacht IV (Die Pfauen / sind schlafen gegangen)   124
Nebel I (Im Nebelhemd / die Sonne)   177
Nebel II (Ehe der Traum)   178
Neue Dimensionen   179

231

Neujahr I (Mit Zigeunern wandern)   125
Neurose des Abends   83
New York fasziniert   16
Nicht mit dem Ohr   82
Nocturne   93
Nonnenkloster   97
Nur die Gestirne   126

Oreo   92
Ostern I (Ostern / im grünen Erinnern–)   102
Ostern im März   127
Ostern im Schnee   80

Papier I (Länder aus Papier)   180
Paris I (Die Luft silbert wenn du)   78
Perspektiven der Zeit   74
Prismen   128
Pupillen   73

Quecksilber   50

Rauscht Manhattan   43
Reisen I (Reisen / ins Ringelspiel)   150
Reisen II (Täglich / verwandelt)   194
Riviera I (Küste Schiffe und Matrosen)   7
Rom I (Kostbarkeiten in den Kammern)   6
Roter Mond   211
Rückkehr I (Über dürren Decken / aus Stroh)   147

Sabbath I (Gras und Sonnenlaub)   45
Salz und Versäumnis   129
Sanskrit   181
Schleier   152
Schnee I (Wolke, weiße Vermittlerin)   130
Schneesturm I (Monumente vermummt)   134
Schneesturm II (Augenlos die Gesichter)   182
Schriften   135
Schwarz unterstrichen   68
September I (Pflaumen reifen)   136
Sieg   138
Song   139
Sonne I (Sicher daß ihr gelingt)   184
Sonnenaufgang I (Das Nichts / führt Dramen auf)   140

Sonntagsstille 65
So oder so 91
Spiegelungen 64
Spiel im Spiegel 141
Status quo 90
Steinbruch November 187
Sterne I (Immer brennt mir / ein Stern im Aug) 143
Stille der Nacht I (Stille der Nacht / Kinder lächeln im Schlaf) 37
Stille der Nacht II (Stille der Nacht / wacht wie die Mutter) 38

Tänzerin 63
Tag 60
Taufe 144
Thanksgiving 109
Träum es ein 104
Trauerspiele 213

Übergang I (Wir atmen die) 105
Unbeheizte Wohnung 58
Unter den Steinen 57

Verbundenheit I (Zwischen mir) 54
Verregnete Abreise 188
Verschiebung 189
Verse in Weiß 191
Verwaiste Herzen 52
Vom ersten bis zum letzten 146
Vor dem Alpdruck 39
Vorostern 36

Was dem Berg gehört 35
Wehmut und weites Vergessen 34
Wehmut und Wende 32
Weihnacht 208
Wen schweigst du 29
Werbung 154
Wer von Schilda kommt 207
Wieder I (Kommt wieder / die unerwartete Landschaft) 196
Wiedersehen mit dem Wiener Wald 206
Wieviele Feuer 28
Windbelaubte Welten 27
Winterverse 25
Wir Meteore 103

Wir spielen Ostern 18
Wir überstehn I (Spielen Violinaugen / ein Spiritual) 155
Wo dein sanfter Flügel 199
Wo liegt das Land 21

Zäune des Abends 200
Zauberer 157
Zikaden 212
Zum siderischen Punkt 158
Zurück I (Hermetische Blumen) 204
Zwei Schatten 201
Zwischen Stäben 161
Zwischenwelt 20

Alphabetisches Verzeichnis nach Gedichtanfängen

Als der Abend / die Allee betrat   201
An der Mündung des Herzlaufs   162
An verfallnen Göttern vorbei   118
Auch das Verborgene / hat ein Gesicht   145
Auf dem Ozean atmet / der Mond   119
Auf der Wand / du lebst   98
Augen / – Lichtlippen –   148
Augenlos die Gesichter   182
Aus dem goldnen Käfig   71
Aus dem Schlaf erstanden   60
Aus meinen Einsamkeiten / bild ich ein Mosaik   195
Aus weißer Namenlosigkeit kamst du   89

Bin ich im Land der Verwurzelungen   32
Braunes Glockengeläut   97

Czernowitz / Heimat der Hügel   113

Das Nichts / führt Dramen auf   140
Das Prisma im Fenster / zerbricht   128
Das Tier mit den goldnen Gedärmen   81
Deine geatmete Welt / Struktur der Stadt   197
Dein Gesicht / verschiebt sich   189
Delikates Profil / auf lachsfarbnem Grund   53
Dem eine Stunde schlägt   99
Den Abschrei / des Stürzenden   142
Der Bergrücken trägt / einen Rock aus Gold   48
Der Brunnen wartet die Kühle ist bereit   77
Der Froschkönig / Regent des Teichs   123
Der Himmel leugnet nicht seine Sterne   64
Der letzte Vollmond schmeckte süß   76
Der Mond / eingeschlummert im   203
Der Morgen tönt   84
Der Morgen tritt in den Raum   164
Der Stahlrippenadler / erobert   171
Der Stern / blutet auf der / Bettlerwange   133
Der Tod träumt in mir / sein graues Leben   156
Der weise / Jakob   209
Der Zeiger macht einen Schritt   160

Die Dinge schlummern noch   135
Die eingeschneite Straße reicht   94
Die Jahre sind / ein Wettrennen mit dem Tod   74
Die Luft silbert wenn du   78
Die Mauer gegenüber   144
Die Musik der Blüte / tönt auf   190
Die Nacht hat / der Mond hat   131
Die Neurose des Abends ist Berührung   83
Die noch nicht gestorbene Zeit   39
Die Nordostbrise / singt die Ballade von der   170
Die novembernen Menschen hasten   49
Die Nymphen hatten es gut   70
Die Pfauen / sind schlafen gegangen   124
Die Post / bringt täglich   157
Die Reede verödet   173
Die Regensterne sind noch nicht erloschen   56
Die Sekunde / sinkt in die Stunde   137
Die Sonne verschiebt / die Schleier der Dinge   152
Die Stadt badet im Schnee   208
Die straffe Haut / der Traube   120
Die Stube / am Nordpol gelegen   58
Die Stunde verebbt   146
Die Tage / stürzen vom Kalender   50
Die Taube klopft ans Fenster   168
Die weiße Kugel / des Löwenzahns   202
Die Wurzeln bohren   26
Die Zäune des Abends   200
Diese alten Häuser an der   10
Dieser herbe Rausch der Fremde   15
Dieses Restchen Weltende   68
Du erwachst / Es ist Tag   176
Durch Bilder gehn / immer   192
Du wirst ein Märchenbaum sein   104

Ehe der Traum   178
Eine Tasche Welt / Fünfzig Pfund Kontinente   79
Ein Name / ohne Lettern   159
Eisgeträumte Harmonie vor einem Augenblick   25
Engel schlummern in ihnen   183
Er lag und litt. Ich saß an seinem Sterben   14

Federn mit gebrochenem Genick   187
Firnen und Föhren / in Sonne vertieft   66
Frau Holle / deine Federn   127

Geadelt / wie kein andrer Mythos   205
Gedämpfter Regenbogen flimmert   61
Gekommen die Zeit / ihrer Hochzeit   55
Gelb und kleinverstreut / als wären wir Küstensand   44
Geschundene Haut / in schwarzer Watte   138
Gestern nacht / als wieder der   211
Gestern nacht/ schwamm das Meer an mein Bett   129
Glasklare Tage / Die Astern halten das Haupt hoch   30
Gotisch türmt sich die Stadt   95
Gras und Sonnenlaub   45

Halt dich fest / an einem Zipfel der Erde   167
Hermetische Blumen / Die Knochen der Stadt   204
Herr und Heimat / der Hormone des Herzens –   33
Hohe Spitzenschuhe / trommeln auf   116

Ich habe einen Dom geerbt   198
Ich lasse mich tragen / von den Tagen   62
Ich liebe meinen Ritter der mit Mühlen kämpft   9
Ich war einmal ein Hund   87
Im goldgeweinten Nachmittag   47
Immer brennt mir / ein Stern im Aug   143
Im Nebelhemd / die Sonne   177
Im wunden Wald / wo die Vögel schweigen   163
In den Abgrund sinken / abgelegte Epochen   213
In den Katakomben des Schlafs   115
In den Vergißmeinnichttagen   21
In der Mitte der Metropole   149
In der Nachtkrippe / schaukelt   122
In der Nacht trat ein Schatten an mein Bett   67
In grüner Gracht / dein Gesicht   185
In kalten Nächten wohnen wir   12
Ins zauberische Schneefeld pflanzen   80
In Stunden zerstückelte Zeit   186

Jeden Nachmittag / auf derselben Bank   22
Jenseits der Regenländer / lebt die erlauchte Fee   165

Käfer im Bernstein verewigt   28
Kann es sich nicht begeben   153
Karpatenschnur / am Kinderhals   158
Keinezeit keinezeit keinezeit   24
Kommt nicht / verspätet / again and again   106

Kommt wieder / die unerwartete Landschaft   196
Kostbarkeiten in den Kammern   6
Küste Schiffe und Matrosen   7

Länder aus Papier   180
Lauter das Oval   179
Licht strahlenentsandt   42
Liegen wir nicht / begraben unter den Steinen   57
Lyrik / schüttle die Wörter   193

Mädchengesicht / aus sechzehn Jahren   141
Manchmal erwachst du als Gasse   19
Mit der Schnecke im Schritt   101
Mit geröteten Wangen   188
Mit vielen inneren Uhren   82
Mit Zigeunern wandern   125
Mohnsterne / im schlafreifen Kelch   121
Monumente vermummt / in glitzernde Kutten   134

NACHT / Wehmut und weites Vergessen   34
Namenlose Gesichter // Im Augenspiegel   175
New York fasziniert   16
Nimm den Hut ab   181
Noch trägt die Stadt den / wolkigen Wollmantel   36

OREO / goldener Odem   92
Ostern / im grünen Erinnern –   102

Pflaumen reifen   136
Poet und Farmer. Mit den Bäumen   8
Prinzessin aus Stahl und Stein und Glas   69
Pyramiden gepflanzt ins   88

Rauschen Libertywellen   43
Reisen / ins Ringelspiel   150
Rose und Dolch // Der Ring   112
Ruhestunden umspülen / die Steininsel Manhattan   65

Schnee dezembert / im Hafen Manhattan   169
Schwer der Übergang   132
Sensensang / der Zikaden   212
Sichelmond / Die Ziehharmonika schneidet   174
Sicher daß ihr gelingt / den Lichtleib im   184

Sieben Tulpen öffneten den Sommer 17
Sieh die leise Mutter unter Sternen 72
Sie ist die Dreizeit in Bewegung 63
Sonnenblume / Abgesandte der Sonne 154
So oder so / ein Menschenalter 91
Spielen Violinaugen / ein Spiritual 155
Sterne / im Andrang des Dunkels 172
Stille der Nacht / Kinder lächeln im Schlaf 37
Stille der Nacht / wacht wie die Mutter 38

Täglich / verwandelt 194
Tannenberge. Grüne Geister: 5

Über das weiße Blatt 191
Über dürren Decken 147
Übermütige Leere der planierten Länder – 13
Uferwange / an meinen Schritt gelehnt 117
Unermüdlich / gehen die greisen Mühlen 90
Ungeliebte Blumen 86

Veilchenadern pochen 11
Vernunftswidrig ohne Gefühl für 23
Verwaiste Herzen / im Schrank der Jahre 52

[Das Alter] wächst in dir / fleischverschlingend 96
Waren wir Feinde / als der Friede schlief 206
War nicht das Meer das wellengestufte unsere Mutter 73
Warum schweigst du 29
Was ist der Berg 35
Was noch an Südlichem blieb 126
Weh wenn Kinder aufhören 199
Wenn das Gras aus dem Schlaf steigt 85
Wenn du in einer / Welt aus Lauten lebst 151
Wer hämmert den Sternpendel 93
Wer von Schilda kommt / hat keinen Paß 207
Wer ZEIT sagt / weiß um den Untergang 114
Wie ein Wild verfolgte ich das Grün 41
Wieviele Truthähne / Herr / müssen ihr Leben lassen 109
Wir atmen die / letzten Vögel ein 105
Wir beten zum Berg / um Glauben 166
Wir gestorbenen Sterne wir Meteore 103
Wir jagen den Hirsch 31
Wir rufen die Heiligen an 27

Wir spielen Ostern mit den Kind gewordnen 18
Whisky ist transparent 139
Wolke / weiße Vermittlerin 130

Zum Fluß ging ich 59
Zwischen mir / und diesem Zigarettenstummel 54
Zwischen Schneeglocken / und Schneeschmelze 20
Zwischen Stäben aus Chrom 161

Quellenverzeichnis

Die Sichel mäht die / Zeit zu Heu
Gedichte 1957 bis 1965
Hrsg. Helmut Braun
Gesamtwerk Band 2
S. Fischer Verlag, Frankfurt/Main 1985
S. 21 bis 229

Inhalt

1957 bis 1963 Gedichte 5

Nachwort 215

Editorische Notiz 221

Zeittafel Rose Ausländer 223

Verzeichnis der Gedichte
  alphabetisch nach Gedichttiteln 229
  alphabetisch nach Gedichtanfängen 235

Quellenverzeichnis 241